完全図解版

相続税を払う奴はバカ!

大村大次郎　元国税調査官

ビジネス社

はじめに

「相続税を払う奴はバカ！」というタイトルにしたが、税金を払うことは国民の義務である。そんなことは筆者もわかっている。だが、それは税制が公平に機能していることが大前提なはずである。

残念ながら現在の税制は公平とは到底言いがたい。相続税は特にそうだといえる。

その理由は**「大金持ちのほとんどは、まともに相続税を払っていないから」**である。

各金融機関のデータによると、昨今の死亡する人の「遺産」は少なくとも年間約50兆円だとみられているが、相続税として徴収されている額は、なんと2兆円前後である。

今の相続税の最高税率は55％（6億円超の遺産をもらった場合）なのに、そんな税金を納めている大金持ちなどほとんどおらず、結果的にたった4％しか税金として徴収できていない。つまり日本全体の相続資産の96％が遺族にそのまま渡っている。そんな状況が数十年も続いているのである。

大企業の創業者や大地主、大投資家の遺族などの大金持ちは、ずる賢く相続税を逃れている。税金を払ったとしても一般の人が一生手にすることができないような何十億、何百億円もの遺産を手にしているにもかかわらず、あの手この手を使って、相続税を払わないようにしているのだ。

しかし、そのようななか、驚くべき改正があった。

平成27年に相続税法が大幅に改正され、相続税の課税範囲が広げられた。

それまでは最低でも6000万円の遺産をもらわなければ相続税はかからなかったが、平成27年からは3600万円以上の遺産をもらえば相続税がかかる可能性が出てきた。

3600万円というと、普通の人でもちょっと頑張れば蓄えられる金額で、普通に家やマンションを持っていれば対象になってしまうようなレベルである。だから**「相続税など自分には関係ない」**と思っていた人でも、下手をすると、相続税がかかってくる恐れがある。

税務当局は大金持ちからなかなか相続税を取れないので、課税対象を庶民に広げて、税収をあげようという魂胆なのである。

われわれ庶民からしてみれば、こんなにバカバカしいことはない。

本来、相続税というのは大金持ちの資産を社会に還元するためにつくられたものである。それなのに、大金持ちほど相続税を逃れていて、「普通の人」が相続税を払うなど、本末転倒も甚だしい。どうにかして**普通の人は相続税を逃れるべき**である。

本書では、「普通の人」や「小金持ちの人」たちが、相続税を払わずに済む方法を紹介していきたい。また、今すぐできる節税術だけでなく、大金持ちたちがどのような手法で相続税を逃れているかの実態もつまびらかにすることで、庶民の相続税対策のヒントとして役立ててもらいたい。

著者

はじめに……2

第1章 知っておきたい相続税のキホン

第2章 小金持ちのための相続税対策

第3章

庶民は知らない大富豪の節税術

第4章

会社経営者の多様な逃税スキーム

本書は2018年9月8日に小社より刊行された『相続税を払う奴はバカ！』の図解版です。

監修／有馬税務会計事務所

【主な参考文献】

●『わかりやすい相続税・贈与税と相続対策'20～'21年版』
（加藤厚・山口里美監修　成美堂出版）

●『税務署・税理士は教えてくれない「相続税」超基本』
（大村大次郎著　KADOKAWA）

●『いちばんわかりやすい相続・贈与の本'17～'18年版』
（曽根恵子著　岸田康雄・吉田崇子監修　成美堂出版）』

●『図解 90分でわかる！　はじめての相続』
（曽根恵子著 クロスメディア・パブリッシング）

●『今こそ本気で考えたい！　相続のための生前対策』
（楢山直樹著　あさ出版）

第1章

知っておきたい相続税のキホン

相続税ってどんな税金？

相続税とは「遺産をもらった人が払う税金」

はじめに読者の皆さまに確認していただきたいのは、**自分には相続税がどのくらいかかるのか、おおよその額を確認する**ことである。相続税がどのくらいかかるかによって、節税方法はまったく違ってくる。

まずはこの章で、相続税の計算方法や仕組みなど、相続税のキホンとなる知識をご紹介する。

そもそも「相続税」とは、誰が払う税金かご存じだろうか？

相続税とは、「資産を持っている人が死亡した際、その資産を相続した人たちが払う税金」のことである。

しかし、相続税は資産を取得した人すべてに必ず課されるわけではない。

死亡した人が資産を残していて、遺族が〝一定以上の資産〟をもらった場合に、相続税がかかってくるのである。

逆に言えば、一定以上の資産をもらわなければ、相続税はかからない。そのボーダーラインとなる相続税がかからない範囲の金額のことを、**「基礎控除」**という。

つまり**相続税とは〝遺産の総額が基礎控除額を超過していて、その〝遺産をもらった人だけ〟にかかってくる可能性のある税金**なのである（図1、2）。

また、基礎控除額以上の遺産があっても、遺族がまったく遺産をもらわなかった場合は、相続税は発生しない。

たとえば遺言で「財産はすべて公的機関に寄付する」と記されていて、遺族もその意を汲《く》んで公的機関にすべて寄付した場合は遺族に相続税は発生しない。

また、遺産を受け取る予定の相続人は合計3人だったが、相続人同士で分割協議をして、そのうちの1人だけが遺産すべてをもらい受けることになった場合、相続税を払わなければいけないのは遺産をもらった1人だけである。

つまり相続税というのは、「遺産をもらった人に、もらった分に応じて発生する税金」なのである。

遺産総額が基礎控除額より少なければ、相続税ゼロ！

図1 相続税がかかる人、かからない人

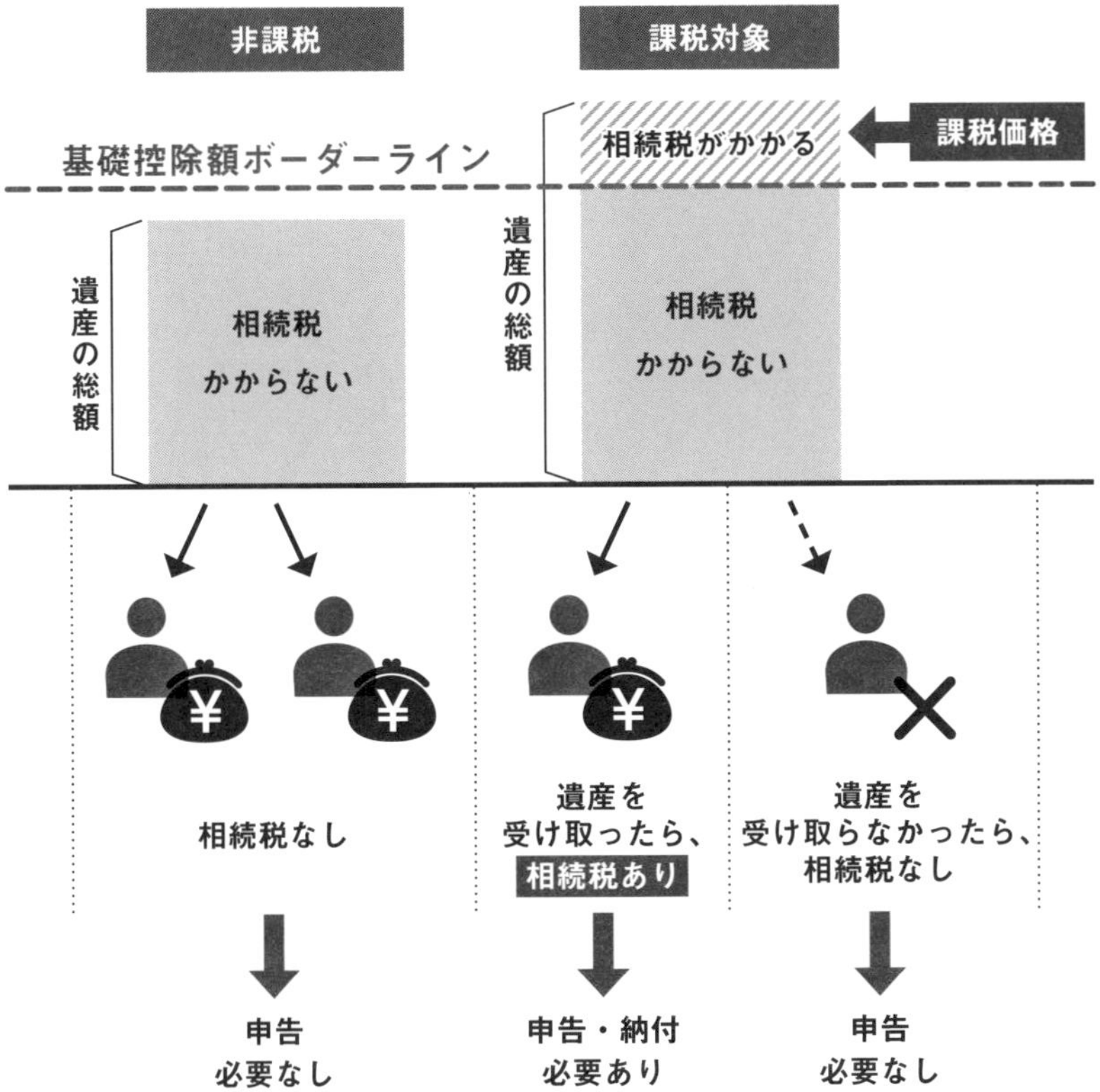

図2 相続税課税価格の計算方法

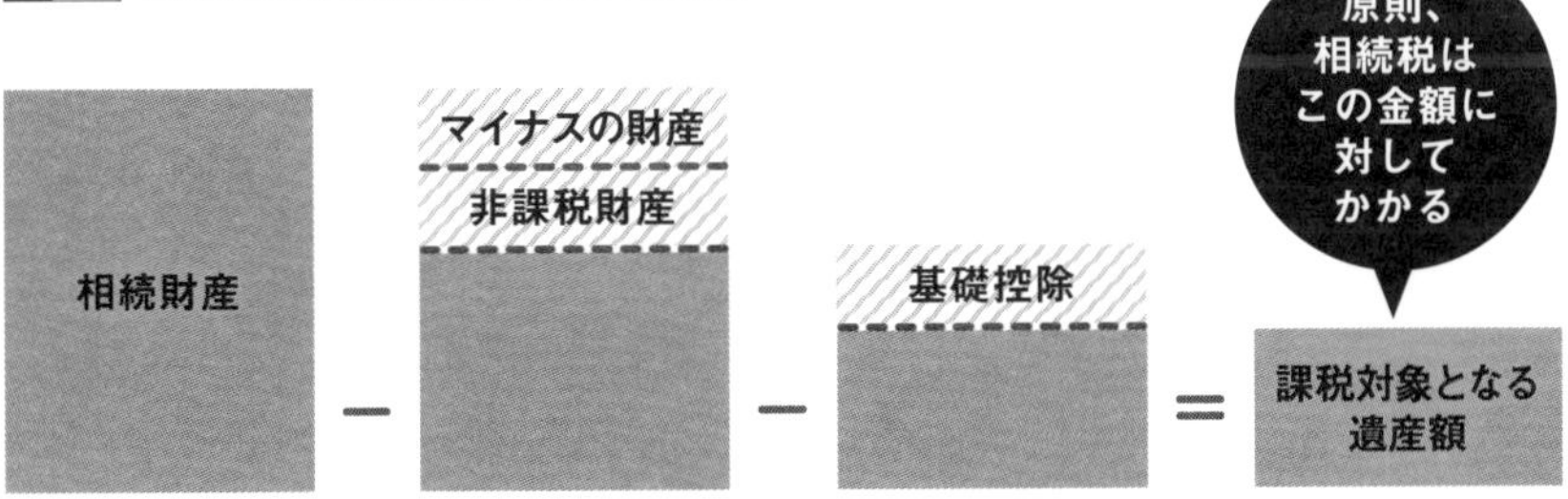

被相続人（死亡した人）の遺産の総額（相続財産）から
マイナスの財産、葬式費用、非課税財産を差し引いた金額と
基礎控除額を差し引くと、相続税が課税される遺産額が算出される。

相続税額の計算方法

最初に、どんな遺産があるかを確認する

自分には相続税がどのくらいかかるのか、おおよその額を確認する方法をご紹介していく。

納付する相続税額は、次の流れに沿って計算する。

1 「遺産の総額」を確認

2 基礎控除額を引き「課税対象となる遺産額」を計算

3 相続人全員の「相続税総額」を計算

4 税額控除を引き「各相続人の納付税額」を算出

まず、「遺産の総額」を確認する。大ざっぱな納税額を知りたいだけの場合は、左ページにある「プラスの財産」を遺産の総額とみなして、ステップ2の計算に進んでもかまわない（次項参照）。

厳密に相続税の対象となる「遺産の総額」を算出するときには、「プラスの財産」と「みなし財産」を合わせた金額から、「非課税財産」と「マイナスの財産」、「葬儀費用」を差し引く必要がある。

遺産は主に4つのカテゴリーに分けられる（図3）。

プラスの財産：被相続人（故人）が残した「金銭的価値のある資産」。現金や預貯金、株式、公社債などの金融資産、土地や家屋などの不動産、貴金属、自動車、骨董《こっとう》品《ひん》などが対象となり、基本的にすべてが課税対象となる。

相続資産は価値を金銭で評価する必要がある。価格が変動する株式や土地などは、基本的に被相続人が死亡した日の「時価」で評価される。だから死亡時（相続開始日）には高額だった株式が、申告時には値が下がっていても、死亡時の時価で申告することになる。

みなし財産：生命保険金や死亡退職金などは、相続や遺贈によって取得したものとみなされ、課税対象となる。

マイナスの財産：相続されるのはプラスの財産だけではなく、債務（借金）などのマイナスの財産もすべて相続される。借入金や未払い金などの債務、葬儀費用は、相続財産から差し引くことができる。

非課税財産：お墓や仏具などは非課税とされているほか、生命保険金や死亡退職金の一部の金額は非課税となっているため、課税対象から除かれる。

STEP 1 相続税はかかる？「遺産の総額」を確認

図3 相続税がかかる財産はどれだけあるか要チェック！

プラスの財産
相続税の課税対象になる財産

- ▶金融資産（現金、預貯金、株式、投資信託、公社債）
- ▶不動産（土地、家屋）
- ▶知的財産（特許権、著作権、商標権）
- ▶その他（貴金属、骨董品、美術品、自動車、ゴルフ会員権）

など

（＋相続開始前3年以内の生前贈与）

マイナスの財産
相続財産から差し引ける財産

- ▶借入金
- ▶住宅ローンの残高
- ▶税金やクレジットカードの未払い分
- ▶未払いの光熱費・医療費

- ▶葬儀費用

など

みなし財産
本来相続財産ではないが、
相続財産としてみなされ
相続税の課税対象になる財産

- ▶死亡退職金
- ▶生命保険金
- ▶相続時精算課税制度を選択した場合の贈与財産（52ページ）

など

非課税財産
相続財産に含まれず、
課税対象にならない財産
（相続財産から差し引ける）

- ▶墓地、墓石、神棚、仏壇、位牌など（56ページ）
- ▶国・地方公共団体などに寄付した財産
- ▶生命保険金と死亡退職金の一部の金額（500万円×法定相続人の数）（58ページ）

など

被相続人（故人）が現金を保有していた場合、原則としてこれも相続財産に含まれる。つまり、金目のものはすべて、相続財産になるのだ。

プラスの財産 ＋ みなし財産 － マイナスの財産 － 非課税財産

＝ **遺産の総額**

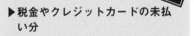

相続税の計算

相続税が無税になるかは基礎控除でわかる！

遺産が基礎控除額以下の場合、相続税はかからない

次にステップ2となる、基礎控除額を差し引き「課税対象となる遺産額」を計算していく。

相続税は、亡くなった人の遺産の総額から「基礎控除」を差し引いた金額に対して課税される（図4）。

遺産の総額 － **基礎控除額** ＝ **課税対象となる遺産額**

相続税にはさまざまな控除がある。基礎控除というのはその中で一番基本的なもので、どのような人であっても必ず使えるものである。

基礎控除額は次の計算式で求める。

3000万円 ＋（**法定相続人の人数** × **600万円**）

つまり、基礎控除は最低でも「3000万円＋600万円」の3600万円となるため、3600万円を超える遺産がなければ、相続税はかかってこない。

計算式内にある「法定相続人」とは、民法で定められている相続人のことである。家族構成に応じて自動的に法定相続人が決まる。遺言の有無や、実際に財産を相続するかは、法定相続人の判定に関係ない（20ページ）。

基礎控除額は **〝法定相続人の人数〟** が大きく影響する。

たとえば、遺産が4000万円あったとしよう。

法定相続人が3人だった場合、基礎控除は4800万円となる（3000万円＋3×600万円）。つまり4800万円以上の遺産をもらわなければ相続税はかかってこないのだ。

これがもしも法定相続人1人だった場合、基礎控除が3600万円となり、400万円（4000万円－3600万円）が課税対象となる遺産額となる。法定相続人が何人いるかで、課税されるかどうかが変わってくる。

ここまでの計算で、**遺産の総額が基礎控除額を下回っているようであれば、相続税はゼロのため、相続税の申告をする必要はない**。しかし基礎控除額を上回っているようであれば、ステップ3の計算に進んでいただくことになる。

STEP 2 基礎控除額を差し引いて「課税対象となる遺産額」をチェック

図4 基礎控除額は最低3,600万円

基礎控除額の計算式

3,000万円 ＋ （法定相続人の人数 × 600万円） ＝ 基礎控除額

		法定相続人の人数		基礎控除額
一律3,000万円	＋	1人（600万円）	＝	3,600万円
		2人（1,200万円）		4,200万円
		3人（1,800万円）		4,800万円
		4人（2,400万円）		5,400万円
		5人（3,000万円）		6,000万円

法定相続人1人につき**プラス600万円**の控除

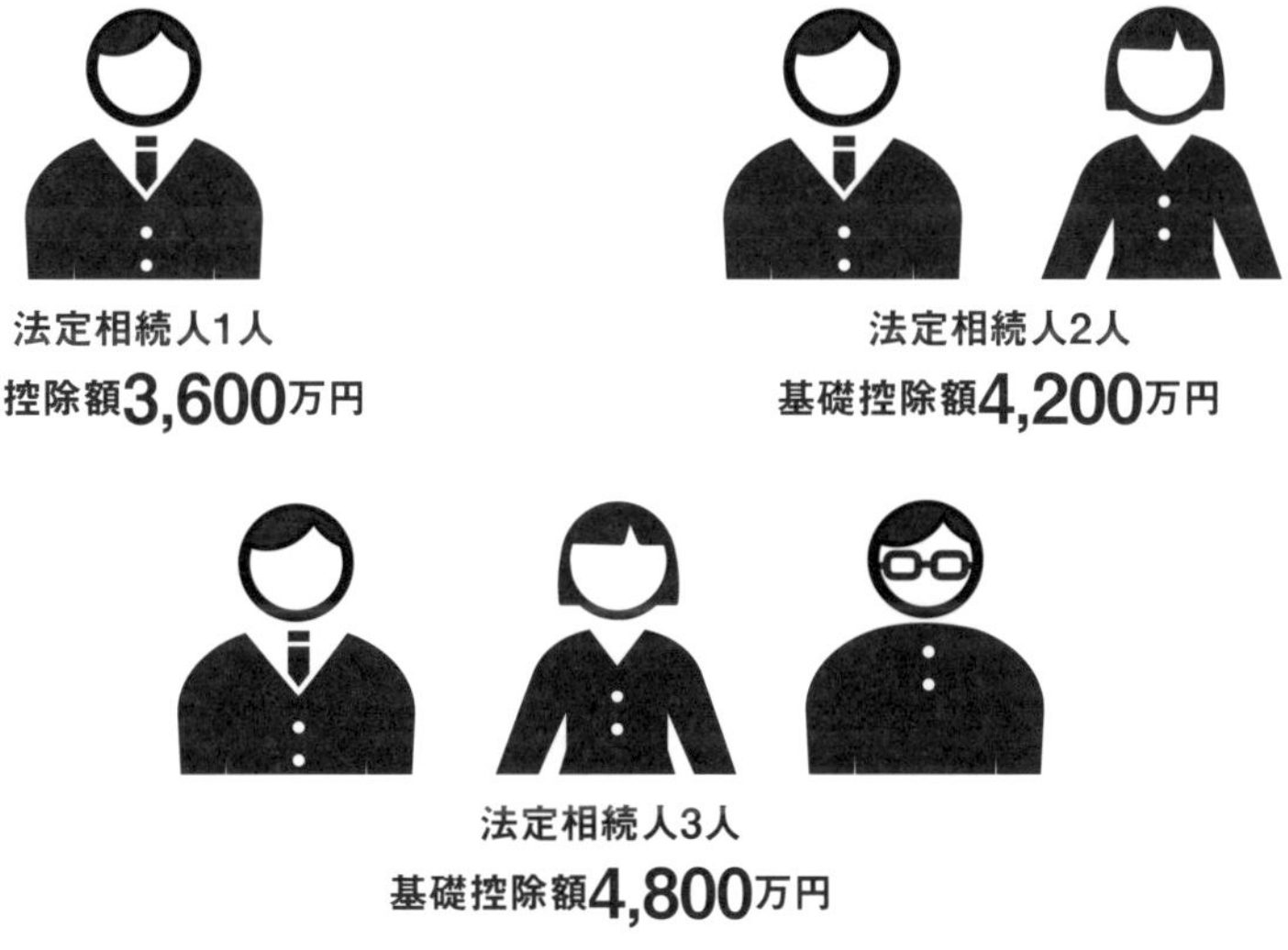

＊法定相続人：法律で定められた相続の権利がある人のこと（20ページ）

相続税の税率は何パーセント？

相続税率を掛けて各相続人の税額を算出

基礎控除を差し引き、課税される遺産額がわかったら、ステップ3の**相続人全員の「相続税総額」を計算**する。

1億3600万円の遺産を残して亡くなった人がいたとする。法定相続人は妻と子供2人の合計3人だとすると、課税対象となる遺産額の計算は次のようになる。

【1億3600万円（遺産総額）－4800万円（基礎控除額）＝8800万円（課税対象となる遺産額）】

が、この8800万円に相続税の税率をかけるわけではない。相続人たちがもらった額に応じて課される。

たとえば法定相続人となる3人が、法定相続分の割合（22ページ）に応じて遺産を取得した場合は、その金額が各個人の取得金額となり、この金額に相続税の税率をかけて、相続税額が確定する。

・妻の法定相続分（2分の1）：4400万円
・子Aの法定相続分（4分の1）：2200万円
・子Bの法定相続分（4分の1）：2200万円

続いて、この各相続人の所得額に税率（図5）を適用する。

・妻の税額【4400万円×20％－200万円＝680万円】
・子A税額【2200万円×15％－50万円＝280万円】
・子B税額【2200万円×15％－50万円＝280万円】

この計算式から、相続税として税務署に支払う金額が算出された。納付する相続税額の合計は1240万円となる（図6）。

意外と税率が低いと思われたのではないだろうか。**数千万円程度の遺産にかかる相続税はそれほど高率ではない**。しかも、ここで算出した相続税額をすべて支払う必要があるかというと、そうとは限らない。相続税には負担が軽くなるさまざまな控除がある。自分に当てはまる控除があれば、右で算出された各自の相続税額からその控除分を差し引いた金額が、その人が納付する相続税額となる。それらの控除を使えば、小金持ちレベルであれば、税額はゼロに近くなる。

STEP 3 相続人全員の「相続税総額」がわかれば、あと一歩

図5 相続税の速算表

各人の課税標準金額	税率	控除額
1,000万円以下	10%	ー
3,000万円以下	15%	50万円
5,000万円以下	20%	200万円
1億円以下	30%	700万円
2億円以下	40%	1,700万円
3億円以下	45%	2,700万円
6億円以下	50%	4,200万円
6億円超	55%	7,200万円

図6 相続人全員の「相続税総額」を計算！

例 遺産総額は1億3,600万円、課税対象となる遺産額は8,800万円、
法定相続人は妻と子2人の計3人の場合

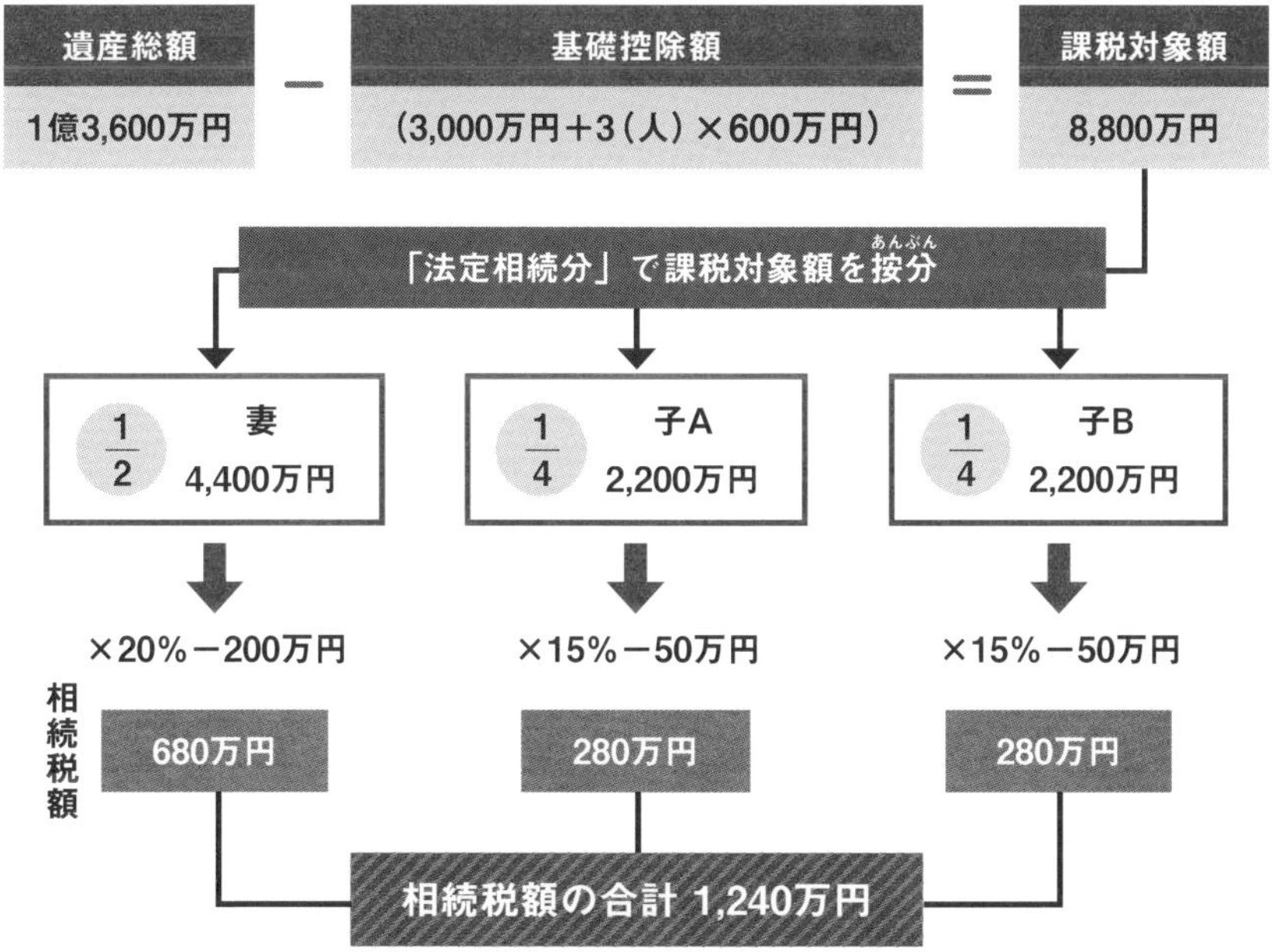

知らないと損！ 6つの税額控除

相続人の相続税納税額から一定額を差し引ける

各人の納付する相続税額の計算が終わっても、最後に「税額控除」をチェックしていただきたい。

この税額控除は相続人ごとに使えたり使えなかったりするが、**条件が当てはまった場合に、各人の相続税額から一定の金額を差し引くことができる**。

この税額控除を差し引いた金額が、確定した「各相続人の納付税額」となる（ステップ4）。

税額控除には、次のようなものがある。

贈与税額控除：故人から相続開始前3年以内に贈与された財産がある場合、その分の贈与財産は相続税の対象となる。ただし、贈与されたときに納めた贈与税と同額を相続税から控除できる。

配偶者の税額軽減：被相続人の配偶者が相続または遺贈により財産を取得した場合、取得した財産が〝1億6000万円〟か〝配偶者の法定相続分相当額〟のどちらか多い金額までは相続税がかからない。

未成年者控除：相続人が未成年者である場合、満20歳になるまで1年につき10万円が控除される【10万円×（20歳－相続時の年齢）】。

障害者控除：相続人が障害者であった場合、満85歳に達するまで1年につき10万円が控除される【10万円×（85歳－相続時の年齢）】（特別障害者の場合は1年につき20万円）。

相次《そうじ》相続《そうぞく》控除：10年以内に2回以上の相続があった場合、1回目に払った相続税の一部分を2回目の相続税から控除することができる。1回目と2回目の間の年数が長いほど、控除額は少なくなる。

外国税額控除：相続または遺贈により国外の財産を取得した場合、その財産について外国の法令による相続税を支払ったときは、日本で支払う相続税額を控除できる。

ここまで、基本的な相続税の計算方法をみてきた（図7）。まずは自分にかかる相続税額の概算をして、どの程度の節税策が自分に合うかを確認していただきたい。

STEP 4 各相続人の「税務署に納付する税額」確定

図 7 相続税計算の流れ

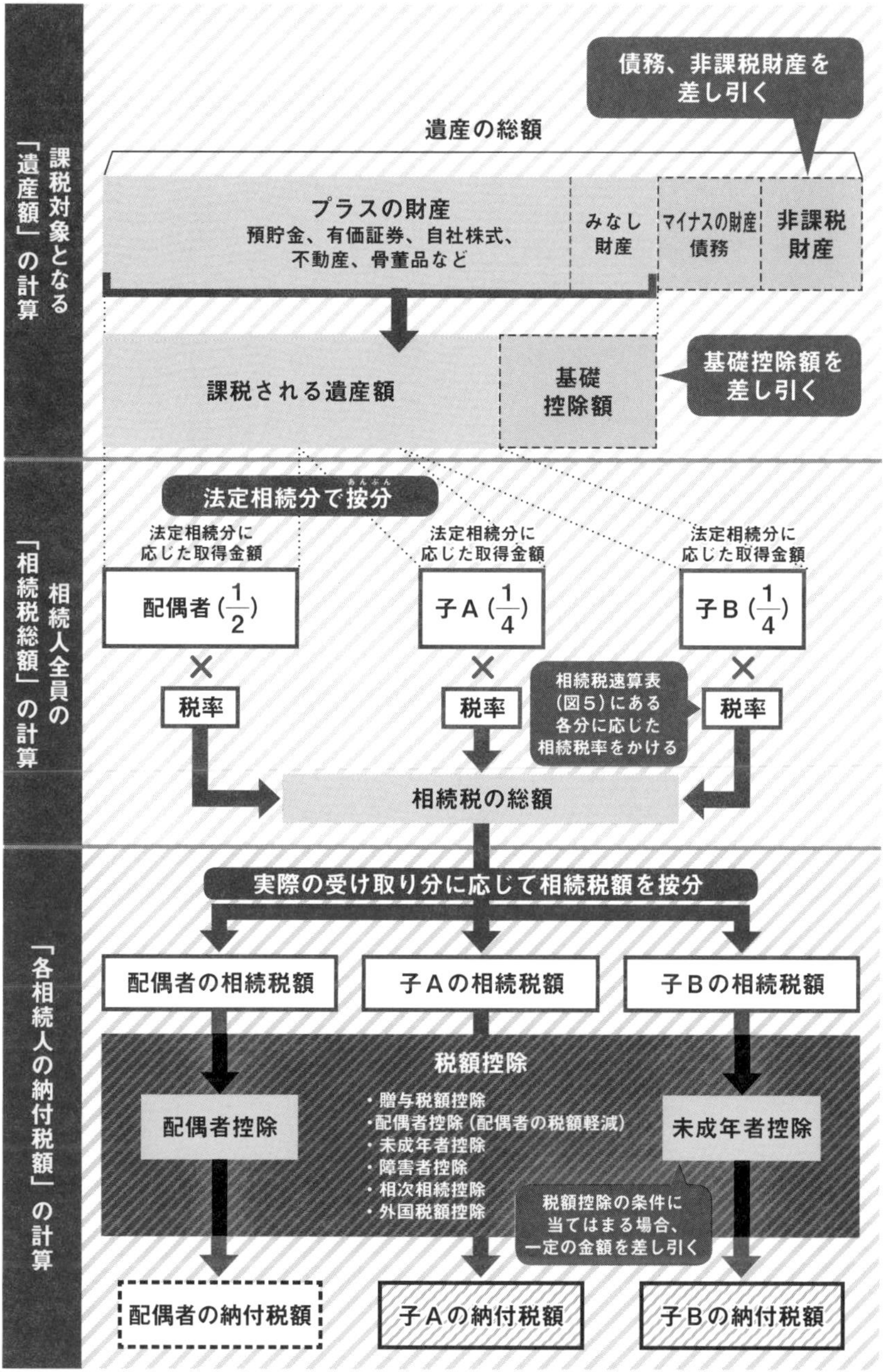
課税対象となる「遺産額」の計算
債務、非課税財産を差し引く
遺産の総額
プラスの財産
預貯金、有価証券、自社株式、不動産、骨董品など
みなし財産
マイナスの財産 債務
非課税財産
課税される遺産額
基礎控除額
基礎控除額を差し引く
相続人全員の「相続税総額」の計算
法定相続分で按分《あんぶん》
法定相続分に応じた取得金額
配偶者 (1/2)
子A (1/4)
子B (1/4)
×
税率
相続税速算表（図5）にある各分に応じた相続税率をかける
相続税の総額
「各相続人の納付税額」の計算
実際の受け取り分に応じて相続税額を按分
配偶者の相続税額
子Aの相続税額
子Bの相続税額
税額控除
・贈与税額控除
・配偶者控除（配偶者の税額軽減）
・未成年者控除
・障害者控除
・相次相続控除
・外国税額控除
配偶者控除
未成年者控除
税額控除の条件に当てはまる場合、一定の金額を差し引く
配偶者の納付税額
子Aの納付税額
子Bの納付税額

相続税のキホン

「法定相続人」と「相続人」はなにが違うのか？

基礎控除の計算に使われるのは「法定相続人の数」

法定相続人とは、「法的に遺産を相続する権利が認められている人」のことである。法定相続人になれるのは**配偶者と血族**である。配偶者はどんな場合でも相続できるが、その他は、その遺族の状況によって法定相続人になれる範囲と優先順位が変わってくる。上位の順位者がいるときには、下位の順位の血族に相続権はない（図8）。

第1順位：子（またはその代襲相続人）
第2順位：父母などの直系尊属
第3順位：兄弟姉妹（またはその代襲相続人）

法定相続人と実際に遺産をもらう人は違う

ここで気を付けたいのは、「法定相続人」と「実際に遺産をもらう人（相続人）」は違うということである。

実は、**遺産は誰にあげてもいい**ことになっている。

たとえば、故人が法定相続人以外に財産を残したい場合、遺言書に「自分の財産は、妻に4分の1、長男に4分の1、孫に4分の1、友人Aに4分の1を渡す」などと遺産贈与の意思を明記しておけば、法定相続人ではない人へ財産を渡すことも可能である。

また、遺言書がなかった場合、必ず法定相続人は遺産を受け取らないといけないわけではない。誰がどのように遺産分割するかは相続人たちによる話し合いによって決められる。法定相続人は妻と子供2人の合計3人だけど、遺産すべてを妻1人が受け取ることもできるのである。

このように「法定相続人」と「実際に遺産をもらう人（相続人）」の数は異なる場合がある。しかし、**基礎控除の計算に使われるのは「実際に遺産をもらう人の数」ではなく、「法定相続人の数」である**。法定相続人が遺産を受け取ろうが受け取るまいが数は変わらない。

法定相続人が妻と子供2人の合計3人いる場合なら、遺産すべてを妻1人が受け取ったとしても、基礎控除は【3000万円＋（600万円×3人）＝4800万円】となる。

法定相続人になれる人

図8 法定相続人の範囲と相続順位

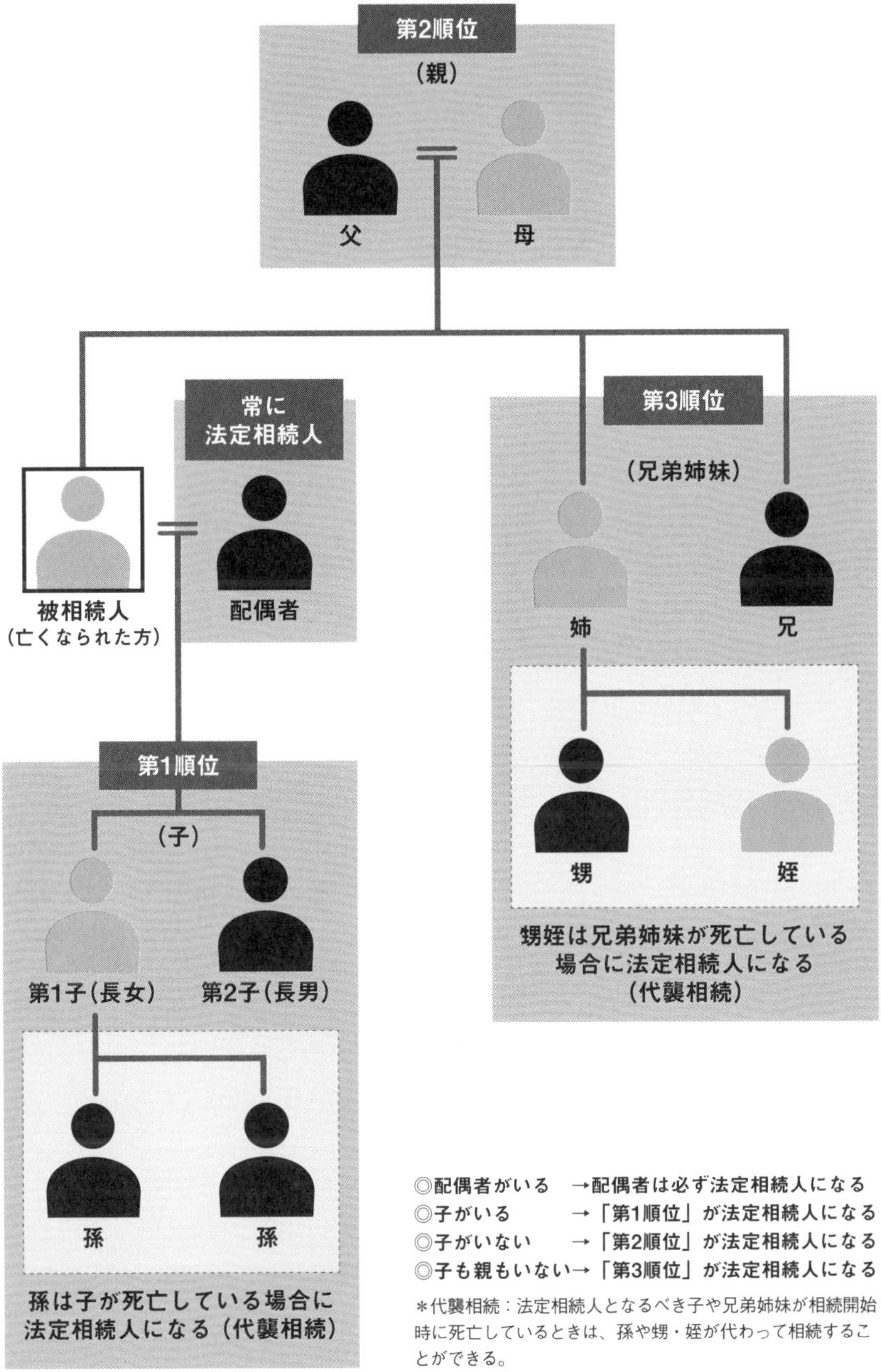

◎配偶者がいる →配偶者は必ず法定相続人になる
◎子がいる →「第1順位」が法定相続人になる
◎子がいない →「第2順位」が法定相続人になる
◎子も親もいない→「第3順位」が法定相続人になる

＊代襲相続：法定相続人となるべき子や兄弟姉妹が相続開始時に死亡しているときは、孫や甥・姪が代わって相続することができる。

遺産分割の基準となる法定相続分とは

民法で基準とされている相続の割合「法定相続分」

民法では「法定相続人」の他、遺産を誰がいくら相続するかについての割合「法定相続分」が決められている（図9）。

法定相続分は、相続人の組み合わせによって異なる。

①**配偶者と子供が相続する場合**：配偶者と子供が2分の1ずつ（子供が複数いるケースでは、2分の1を子供の数に応じて均等分け）

②**配偶者と親が相続する場合**：配偶者が3分の2、親が3分の1（親が両親ともにいるケースでは、3分の1を均等分け）

③**配偶者と被相続人の兄弟姉妹が相続する場合**：配偶者が4分の3、兄弟姉妹が4分の1

④**配偶者のみが相続する場合**：配偶者が全額（配偶者がいないケースでは①子供、②親、③兄弟姉妹の順に相続）

たとえば、配偶者と親（被相続人の母親）が法定相続人で、遺産が1200万円の場合、法定相続分で各人が相続する金額は、配偶者が800万円（3分の2）、親（母親）が400万円（3分の1）となる。

子供、配偶者、親以外は税額が2割アップ

この法定相続分の割合について、注意点がある。法定相続人でない人や、法定相続人であっても配偶者、子供、親以外の人（たとえば兄弟姉妹など）が相続した場合は、**納付すべき相続税額に2割加算した額を納付**しなければならない。

法定相続分には従わなくてもいい

遺産の分け方の目安として法定相続分が定められているが、必ずしもこの割合で相続しなければならないというわけではない。**誰がどのように遺産分割するかは、相続人たちによる話し合いによって自由に決めることができる。**相続人全員の合意があれば、法定相続分とは異なる分割をしても問題はないのである。ただし、相続税はもらった財産に応じて払うということだ。

各法定相続人はどれだけの割合を相続できるのか？

図9 遺産の分け方の目安となる「法定相続分」

相続順位	法定相続人	各相続人の割合		関係図
		配偶者	配偶者以外	
第1順位（子供がいる場合）	配偶者と子供	$\frac{1}{2}$	子供 $\frac{1}{2}$ 人数で均等に分ける	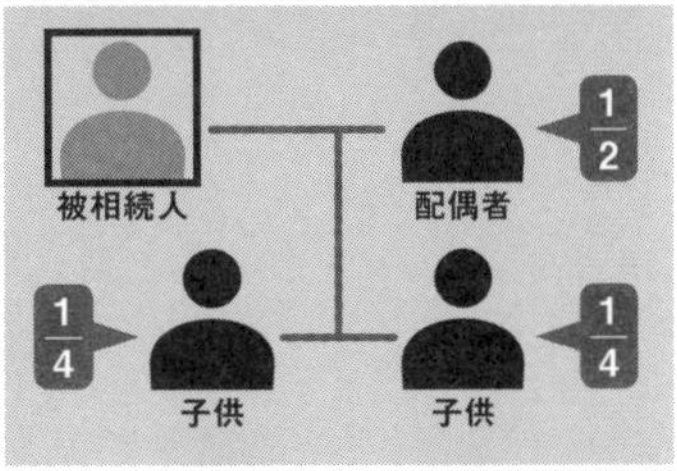
第2順位（子供がいない場合）	配偶者と親	$\frac{2}{3}$	親 $\frac{1}{3}$ 人数で均等に分ける	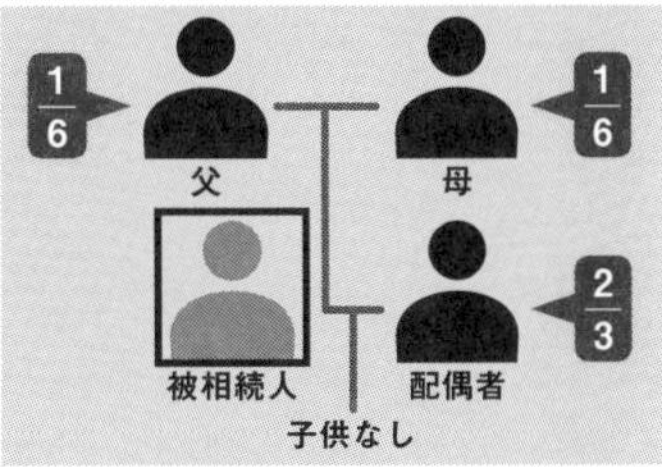
第3順位（子供も親もいない場合）	配偶者と兄弟姉妹	$\frac{3}{4}$	兄弟姉妹 $\frac{1}{4}$ 人数で均等に分ける	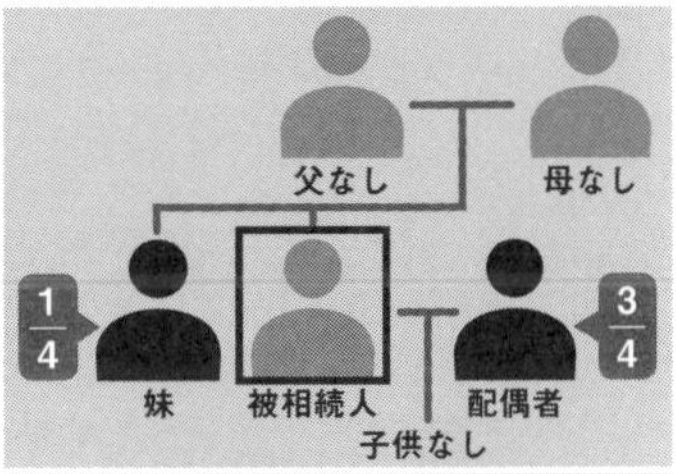
配偶者だけ（子供、親、兄弟姉妹がいない場合）	配偶者	全額		

子供だけ（配偶者がいない場合）	子供		子供 全額	配偶者がいない場合
親だけ（配偶者・子供がいない場合）	親		親 全額	
兄弟姉妹だけ（配偶者・子供・親がいない場合）	兄弟姉妹		兄弟姉妹 全額	

相続税のキホン

相続税の申告期限は10ヵ月以内

3ヵ月以内であれば相続放棄できる

「相続」に関する手続きは、大きく2つある（図10）。

①相続方法の決定：被相続人の死後3ヵ月以内
②相続税の申告・納付：被相続人の死後10ヵ月以内

まず①から見ていこう。相続は基本的に被相続人の財産すべてを受け継ぐため、仮に借金などのマイナス財産があっても引き継いで返済しなければならない。このようなケースを想定して相続人には相続方法として3つの選択肢がある。

・**相続放棄**：被相続人の財産を一切「相続しない」という選択。相続放棄した場合、最初から相続人ではなかったとみなされる。

・**限定承認**：プラスの財産部分でマイナス財産（借金など）を清算し、財産が残ったら相続するという条件付きの承認。限定承認は相続人全員の承諾が必要。

・**単純承認**：プラスの財産もマイナスの財産も引き受ける選択。相続の意思表示をしないまま3ヵ月が過ぎると、自動的に「単純承認」したとみなされる。

相続開始日から10ヵ月以内に申告と納付が必要

②の相続税の申告と納付は、相続開始日の翌日から10ヵ月以内となっている。それまでに遺言書の有無、相続財産の概要の把握、相続人の確認、相続財産の評価、遺産の分割、申告書作成などを済ませなければならない。

それでも遺産分割が揉めて相続税の納付金額が確定せず、相続税の申告期限内に終わらないケースがある。けれど申告期限内に申告しないと追加の税金（追徴課税）がとられるため、申告だけはしておく必要がある。そういう場合は、法定相続分の割合でとりあえず申告をして、その後に分割協議をして、納めすぎた税金は「更正の請求」で取り戻すという形にしたほうがいい。**申告期限から5年以内であれば「更正の請求」をすることができる。**

なお特殊な事由があった場合は、5年以上過ぎていても事由が生じた日から4ヵ月以内までならば「更正の請求」ができる。

相続税申告と納付のスケジュール

図10 相続が発生したときの手続きの流れ

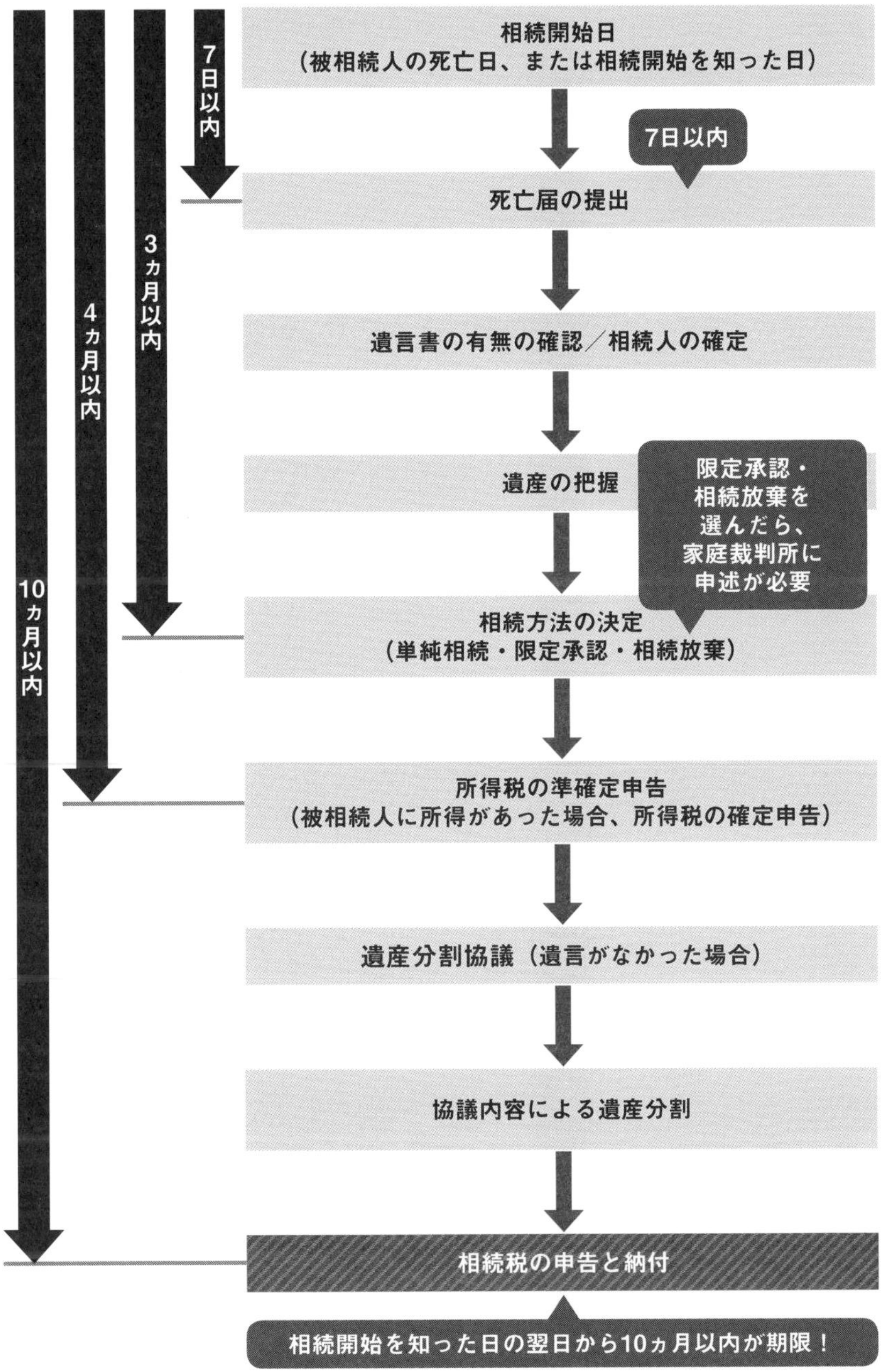

相続税がゼロでも申告不要とは限らない！

もし申告しなかったら、どうなる？

もし相続税の申告が必要なのに申告をしなかったら、基本的にペナルティーとなる追徴課税が課される（図11）。

追徴課税には主に、「延滞税」「過少申告加算税」「無申告加算税」「重加算税」がある。

たとえば、相続開始日の翌日から10ヵ月以内までに相続税の申告をしなかった場合は、「無申告加算税」と「延滞税」が課される可能性がある。

「無申告加算税」は期限内に申告しなかった場合に課される。期限後に自発的に申告すれば納付税額は5％増し。税務署の指導で申告した場合は納税額の50万円までは15％増し、それを超える部分は20％増しとなる。

期限内の納付に遅れた場合の**「延滞税」**は、年によって利率は異なる。

他にも、相続した額を正当な理由なく少なく申告すると**「過少申告加算税」**、ワザと財産を隠して相続税を免れるようなことをした場合は**「重加算税」**が課される。

相続税がかからなくても、申告が必要なケース

相続税の計算をしたら、基礎控除額より遺産総額が少なくて相続税がゼロになった場合、「相続税の申告は必要ない」と思われる人は多いだろう。

しかし、**基礎控除以外の控除制度を使って結果的に税額ゼロとなった場合は申告の必要**がある。たとえば次のような控除である。

（1）配偶者控除（配偶者の税額軽減）、**（2）小規模宅地等の特例、（3）未成年者控除、障害者控除**

これらの控除を利用して減額したことで基礎控除額以下の価格になった場合は、相続税の申告が必要になる（図12）。

ただ、こういう申告をしてもしなくても税額が発生しない場合、申告しなかったらペナルティーがあるのかというと、実はない。

しかしながら、「申告しなくていい」とは言えないし、推奨することはできない。

申告期限を過ぎると追徴課税が課される!?

図11 相続税は10ヵ月以内に納めないとペナルティー？

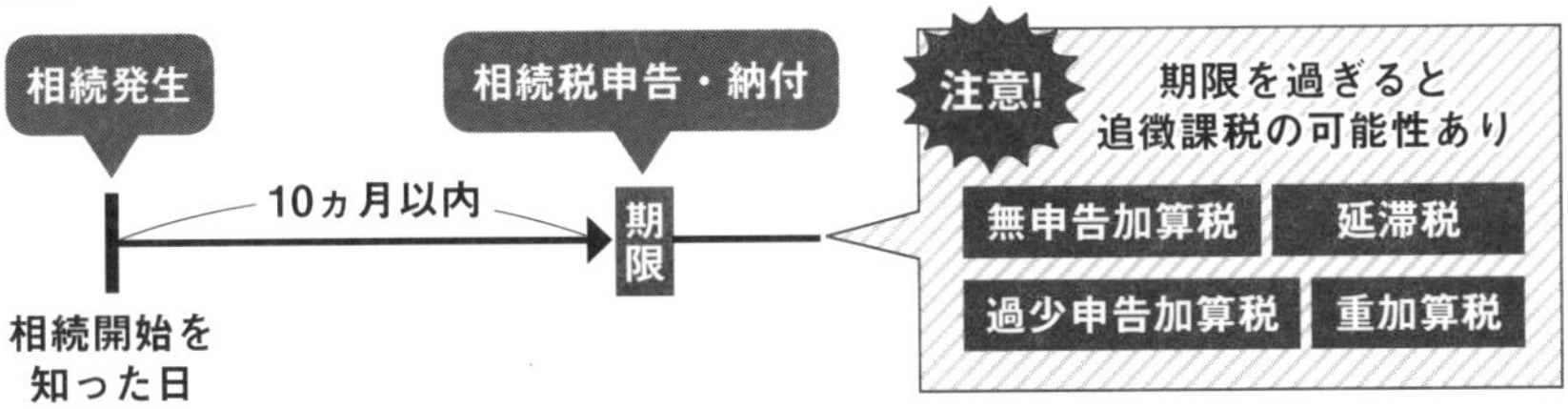

図12 特例を利用して相続税がかからなくなった人は相続税ゼロでも申告が必要！

特例	
◎配偶者控除（配偶者の税額軽減）	➡44ページ
◎小規模宅地等の特例	➡64ページ
◎未成年者控除や障害者控除	➡18ページ

特例を適用しないで計算した遺産の「課税価格」と「基礎控除額」を比較する！

申告・納税	申告 × 納税 × 申告も納税も不要な人	申告 ○ 納税 × 納税は不要だが申告は必要な人	申告 ○ 納税 ○ 申告も納税も必要な人
条件	相続した遺産額が基礎控除額以下	相続した遺産額は基礎控除額を超えるが、特例を使えば基礎控除額を下回る	相続した遺産額が、特例を使っても、基礎控除額を上回る
	課税遺産（特例不適用） ∧ 基礎控除額	課税遺産（特例不適用） ∨ 基礎控除額 ⬇特例適用 課税遺産（特例適用） ∧ 基礎控除額	課税遺産（特例適用） ∨ 基礎控除額

約40年ぶりに大きく改正された「相続法」

改正ポイント

約40年ぶりに「相続法」が大きく変わった（図13）。

相続法は1980年に改正されて以来、大きな見直しはなかった。しかしこの40年の間に日本人の平均寿命が延び、高齢化が進み、社会を取り巻く環境や経済情勢も変化したことで、これまでの「相続法」がそぐわなくなり、2018年7月に見直されたのである。

今回の改正で見直された内容は、2019年から2020年にかけて、すでに施行されている。

改正された分野とポイントを簡単にご紹介する。

配偶者居住権の新設

被相続人の配偶者が、そのままこれまでの住まいに、自宅の所有権がなくても住めるように改正された。

遺産分割の見直し

結婚20年以上経った配偶者に贈与した自宅は、遺産分割の対象外になった。

また、遺産分割前でも、生活費などのために被相続人の預貯金を口座から引き出しやすくする「払戻し制度」ができた。

遺言制度の見直し

自筆証書遺言の財産目録は自書でなくても可能になった。また、法務局に遺言書の保管を申請することができるように見直された。

遺留分制度の見直し

遺言などで財産を得た相続人に対して、最低限の取り分の金銭での返還請求が可能になった。取られすぎたら〝お金〟で請求することができるように改正されたのである。また、遺留分算定の基礎財産に加える生前贈与は、相続開始前10年間にされた贈与に限定された。

特別寄与制度の新設

被相続人の介護者の「特別寄与」。相続人以外でも、無償で療養介護した親族は、相続人に金銭請求が可能になった。要するに、長男の妻（嫁）も財産を取得することができるようになったのである。

図13 40年ぶりに変わった、「相続法」改正の概略

区分	改正内容	参照
配偶者居住権の新設	**①配偶者居住権の新設**（2020年4月1日施行） 被相続人の配偶者は自宅の所有権がなくても住み続けられるようになった	→46ページ
遺産分割の見直し	**②夫婦間での居住用不動産の贈与と優遇**（2019年7月1日施行） 結婚20年以上なら、配偶者に贈与した「自宅」は相続財産に加算されないようになった	→46ページ
遺産分割の見直し	**③預貯金仮払い制度の創設**（2019年7月1日施行） 口座が凍結されても故人の預金が引き出せるようになった	→40ページ
遺言制度の見直し	**④自筆証書遺言の方式を緩和**（2019年1月13日施行） 自筆の遺言書の全文自書の要件が緩和されて、財産目録は手書きの必要がなくなった	→32ページ
遺言制度の見直し	**⑤自筆証書遺言の保管制度の創設**（2020年7月10日施行） 法務局に自分で書いた遺言書を保管してもらうことができるようになった	→32ページ
遺留分制度の見直し	**⑥遺留分の権利を金銭債権化**（2019年7月1日施行） 遺留分侵害額に相当する分の不動産共有をなくして現金支払いに限定された	→36ページ
遺留分制度の見直し	**⑦遺留分の算定方法の見直し**（2019年7月1日施行） 生前贈与は、相続開始前10年間にされたものに限って遺留分の対象財産となった	→36ページ
特別寄与制度の新設	**⑧相続人以外の者の貢献を考慮する規定の新設**（2019年7月1日施行） 相続人以外の者が被相続人の介護や看病に貢献すれば、相続人に金銭請求が可能になった	→38ページ

「遺言書」は必要？

遺言書は相続を円満に行うためのもの

遺言書とは、被相続人が自分の死後の財産についての意思を書面の形に残したものである。

遺言書がなかったら、残された財産は民法で決められた法定相続分か、相続人同士が話しあって分け合うことになる。が、遺言書があれば、その遺言内容がなによりも優先される。よって法定相続人ではない第三者に財産を遺贈する内容や一部の相続人に多く渡す内容であっても、その遺言書は有効となる。

ただ、相続に関してイヤな話をさんざん聞いてきた元国税調査官の立場から言えば、遺言書は、自分の意思を主張するためでなく〝自分の死後に遺産分割の争いをさせないため〟に残していただきたい。

さらに言えば遺言書だけでもまだ不十分である。死ぬ前に相続資産の分配について「こういう理由で、こういう具合に遺産を分配したい」と相続人たちと話し合いをして、不服のある者は納得させて、その上で遺言書を書いておいていただきたい。遺族間で、遺産分配で揉めることは遺族全体にとって大きな損となる。

遺産の分配に関して遺族が納得しない場合は、相続税が高くなってしまうケースが多く、最悪の場合、訴訟になる。相続税は分配の方法によって遺族全体の税額が大きく変わるため、遺言書を残す際は、遺族全体が話し合って協力したほうが、相続税は安くなりやすい。

遺言書は3種類から選択

遺言書には、「自筆証書遺言」「公正証書遺言」、「秘密証書遺言」の3種類がある（図14、15）。

自筆証書遺言：遺言者が自書で作る遺言書。家庭裁判所での検認（遺言書の記載を確認する手続き）が必要。

公正証書遺言：遺言者が口頭で述べた内容を、2人以上の証人の立会いのもと、公証人が文書にする遺言書。

秘密証書遺言：遺言者自身が作成して封印した遺言書を公証してもらう方式。遺言書を秘密に保管するために用いられる。自筆の必要はないものの、検認が必要。

争族を避けるためには「遺言書」は残したほうがいい

図14 遺言書の種類

自筆証書遺言

- 遺言者がすべて自書で作成する遺言書。財産目録についてはパソコン作成も可能になった
- 内容に不備があると、遺言が無効になる

公正証書遺言

- 公証役場の公証人が遺言者の口述したものを筆記し、作成する遺言書
- 作成してもらった遺言書（原本）は公証役場で保管される

秘密証書遺言

- 「内容」を秘密にしたまま遺言者が作成して封印したものを、公証役場で「存在」のみを証明してもらう遺言書
- 内容や書式に不備があると、遺言が無効になる

図15 遺言書の比較

	自筆証書遺言	公正証書遺言	秘密証書遺言
作成者	本人	公証人 （公証役場にて）	本人 （代筆可）
証人・立会人	不要	2人以上	公証人1人 証人2人以上
ワープロ	不可 （「財産目録」を除く）	可	可
費用	法務局保管の場合は手数料	証書作成手数料	証書作成手数料
保管	本人または法務局	原本は公証人役場 正本は本人	本人
家庭裁判所の検認	法務局で保管されるものは検認不要	不要	必要

どの遺言書も書面にして、残しておくことが要件

改正 自筆証書遺言の作成がより手軽に！

自筆証書遺言の「財産目録」はパソコンで作成OK

前項で紹介した「自筆証書遺言」は、これまでリスクが高く、利用しにくいものだった。

そのリスクは大きく2つあった。

1つ目は、遺言の方式である。遺言には、民法で定められた方式があり、その**方式に従って書かなければ無効**となる。

自筆証書遺言は、自分の手ですべての内容を書くこと、日付があること、および署名・押印などが必須の条件となっていた。

そのような条件があるなかで自力で作成する「自筆証書遺言書」には不備が生じやすく、遺言が無効になってしまうケースがよくあった。

2つ目に、これまで自筆証書による遺言書は、自宅で保管するのが一般的だった。しかしそれが原因で、被相続人の死後に遺言が発見されないケースや、捨てられてしまったり、書き換えられたりすることがあった。

これらのリスクを避けるために、今回の改正ではまず、遺言書の一部である**「財産目録」を自書で書く必要がなくなった**。自書ではなく、パソコンで作成したものや、預金通帳のコピーなどでも認められることになったのである（図16）。ただし、偽造防止のため、目録の全ページに自書の署名・押印が必要となる。

法務局で自筆証書遺言書が保管可能になった

さらに今回の改正で、**法務局で自筆証書遺言書を保管する制度**が新設された。

この改正によって、自宅等で保管する際の紛失などのリスクから解放されるようになった。

また法務局で保管した場合は、預けたときに遺言書の形式をチェックしてもらうことができるようになった（ただし、遺言の形式的な確認のみで遺言内容の確認は受け付けていない）。さらに、保管時に遺言者の本人確認をするため、相続開始後の家庭裁判所での「検認《けんにん》」も不要になったのである。

改正で、自筆証書遺言が利用しやすくなった

図16「自筆証書遺言」はこう変わる！

**自筆証書遺言はこれまで、全文を自書する必要があったが、
改正により、「財産目録」については、
自書で作成する必要がなくなった！**

遺言書の本文

自書で作成

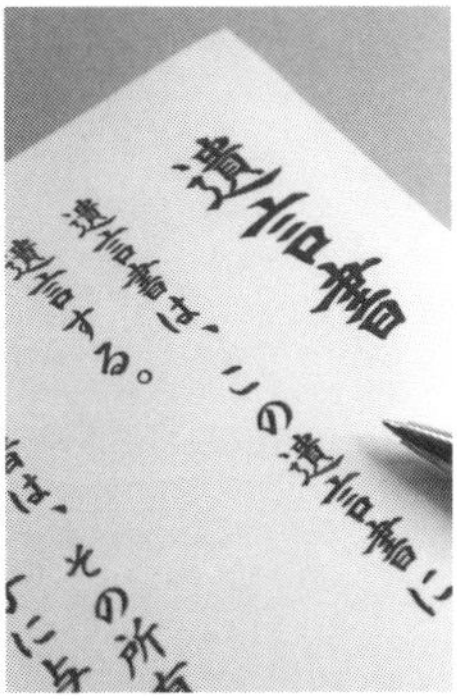

＋

財産目録

改正

パソコンでの作成が
可能に！

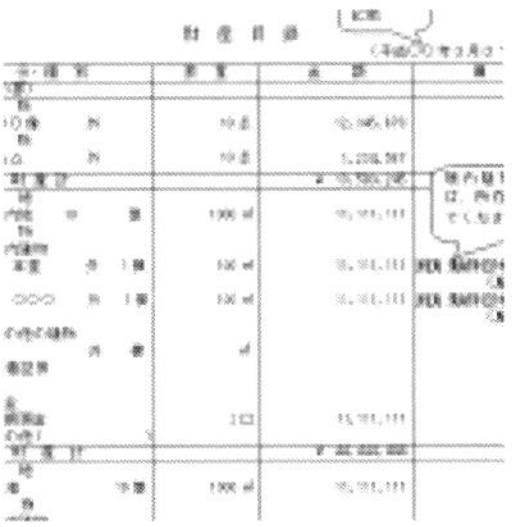

改正

預金通帳などの
コピーでもOK！

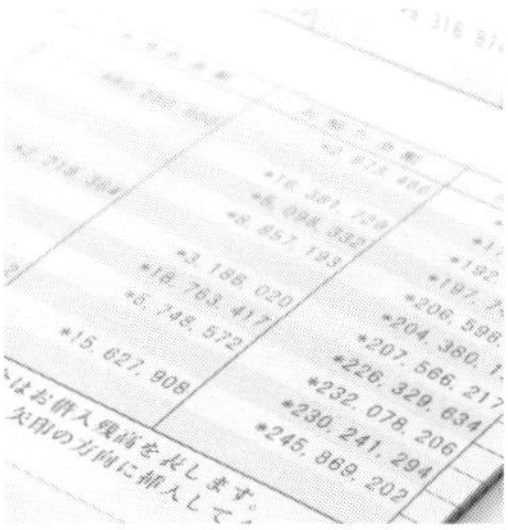

他にも、法務局での保管が可能になった

改正前	➡	改正後
本人	作成者	本人
すべて自書	作成方式	本文は自書 「財産目録」は自書不要
自宅など	保管場所	法務局での保管を選択可能
必要	検認 （遺言書開封手続き）	法務局での保管の場合 遺言書は検認不要
なし	費用	数百円の印紙代

書式不備による
遺言書無効や紛失、
改ざんのリスクがあった

遺言書作成の負担減！

紛失・改ざんの心配がなく、
法務局で書式に不備がないか
チェックもあるので安心

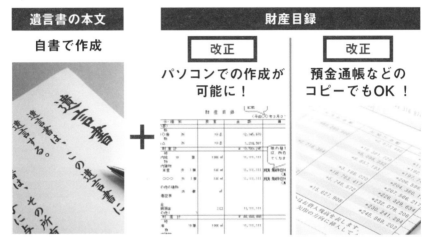

遺言でも侵害できない相続人の最低限の権利「遺留分」

遺言があっても最低限守られる相続分とは?

遺言書は、故人の最終意思を表すものとして尊重されている。そのため遺言がある場合、それに基づいて遺産を分けるのが基本となる。しかしそれだと、遺言書に「全財産を知人に相続させる」などと書いてあった場合、残された家族は何も相続できなくなってしまう。

このような不利益から相続人を守るため、法定相続人には一定の割合の遺産を受け取る権利が民法で保障されている。要するに、遺贈や生前贈与などにより特定の者だけが多額の財産を取得した場合でも、最低限の財産の取り分(遺留分)の取り戻しを認めているのである。逆に言えば、**どんな遺言をされても相続財産の一定の割合を取得できる**ということである。

遺産のうちの遺留分の割合は、相続人全体で2分の1となっている。つまり遺言書で真に効果があるのは遺産の半分までで、遺言があった場合でも「法定相続分」を半分行使できる。たとえば遺言で「遺産は全部妻に与える」とあったとしても、子供たちに不服があった場合、法定相続分50％の半分の25％まではもらうことができるのだ。ただし例外として、直系尊属(親)のみが相続人である場合には、法定相続分の3分の1となる。また、**遺留分が認められるのは、配偶者、子とその代襲者、親に限られる**。兄弟姉妹には遺留分はない(図17、18)。

遺留分侵害額請求権の行使方法と時効

遺留分を取り戻す方法は、遺言によって財産を取得した者に対して「遺留分を返してください」と申し出たら(遺留分侵害額請求権)、侵害された金額を返還してもらうことができる。

遺留分侵害額請求権の時効は、相続の開始(被相続人の死亡した日)および遺留分の侵害を知った日から1年以内である。なにもしないまま1年が過ぎると、時効により権利が消滅する。また、不利益な遺贈や贈与の事実を知らなかったとしても、相続の開始から10年を経過すると、遺留分侵害額請求権は消滅する。

メイン講師について

越智秀樹（おち・ひでき）

OCHI企画代表取締役。企画・編集だけでなく営業もできる「万能編集者」。
1970年生まれ。愛媛県今治市出身。大分大学経済学部卒。

92年、PHP研究所に入社、法人営業に配属される。2002年、PHP文庫出版部に異動。主にビジネス系の文庫を編集する。その後、文庫出版部副編集長、エンターテインメント出版部編集長を経て、2015年PHPの関連会社 PHPエディターズ・グループ（PEG）の代表に就任。これまでに手がけた本は600点以上、累計発行部数は1,100万部を超える。

2017年10月に独立し、現在は「あなたの強みを引き出す出版マイスター」として活動をスタート。
独立してから手掛けた編集物の重版率は50％超。
主な編集実績は、
『人は話し方が９割』（すばる舎）　100万部
『斎藤一人　天が味方する「引き寄せ」の法則』（PHP研究所）　16万部
『スティーブジョブズ　神の仕事術』（PHP研究所）　10万部
『トヨタ式「すぐやる人」になれる8つのすごい！ 仕事術』（笠倉出版社）　5万5千部
『世界の神々がよくわかる本』（PHP研究所）　シリーズ累計100万部
『大学4年間の宗教学が10時間でざっと学べる』（KADOKAWA）　1万3千部

唐津 隆（からつ・たかし）

1963年千葉県生まれ。明治大学文学部自主卒業。週刊誌記者や教育出版社、流通業界誌編集長などを経て2000年ビジネス社入社。2003年取締役、2011年親会社であった船井総合研究所からMBOの形で、ビジネス社代表取締役に就任し、現在に至る。

書籍編集としては船井幸雄、長谷川慶太郎、渡部昇一、池上彰各氏を担当するほか、同社における広告部門なども担うなど出版に関わる多彩な業務に従事。
かつては出版実績のない著者の著作をそこそこヒットさせるという裏ワザを駆使し、年間重版率80%という変な記録を持つ。

中澤直樹（なかざわ・なおき）

1968年兵庫県生まれ。早稲田大学卒。91年、PHP研究所入社。入社後、京セラの稲盛和夫氏や台湾総統の李登輝氏、哲学者の梅原猛氏などによる「日本の在り方に対する提言」本を制作。学芸書籍に贈られる「山本七平賞」を3度受賞。さらに、オピニオン誌『Voice』編集長として、ビジネスマン・経営者・行政マンに知恵と言葉の武器を与える雑誌作りに励む。その後、書籍プロモーションの責任者、書店・取次・コンビニエンス・ネット書店に対する営業部門のマネジメントを担った。

2021年、PHP研究所を退社。ビジネス社に入社し、書籍編集部で部長として制作を行っている。

遺言内容に納得いかないときに、最低限の相続が認められる遺留分の制度

図17 法定相続人パターン別　遺留分の割合

法定相続人の組み合わせ	遺留分全体の割合	法定相続分	遺留分
配偶者と子供	$\frac{1}{2}$	配偶者：$\frac{1}{2}$ 子供：$\frac{1}{2}$を人数で按分	配偶者：$\frac{1}{4}$ 子供：$\frac{1}{4}$を人数で按分
配偶者と親		配偶者：$\frac{2}{3}$ 親：$\frac{1}{3}$を人数で按分	配偶者：$\frac{1}{3}$ 親：$\frac{1}{6}$を人数で按分
配偶者と兄弟姉妹		兄弟姉妹に遺留分はないため、配偶者のみ	配偶者；$\frac{1}{2}$ 兄弟姉妹：なし
配偶者のみ		全額	$\frac{1}{2}$
子供のみ		遺産を人数で按分	遺産の$\frac{1}{2}$を人数で按分
親のみ	$\frac{1}{3}$	遺産を人数で按分	遺産の$\frac{1}{3}$を人数で按分
兄弟姉妹のみ	兄弟姉妹に遺留分はない		

図18 相続法が保障する「遺留分」の事例

遺産：預金8,000万円
法定相続人：妻と長男と次男の3人
遺言内容：「知人Aにすべての遺産を相続させる」

法定相続人である妻・長男・次男は、知人Aに対して「遺留分侵害額請求権」を行使

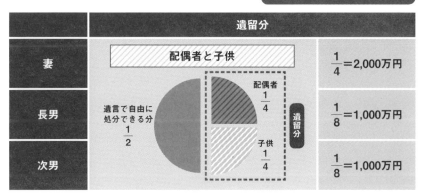

	遺留分
妻	$\frac{1}{4}$=2,000万円
長男	$\frac{1}{8}$=1,000万円
次男	$\frac{1}{8}$=1,000万円

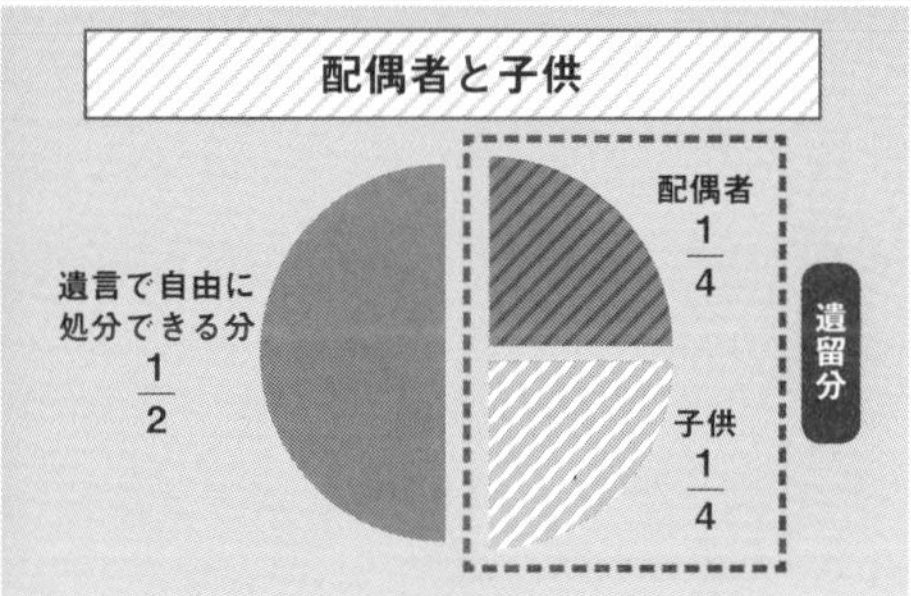

知人Aから遺留分として、妻は2,000万円、
長男と次男はそれぞれ1,000万円を取り戻すことができる。

改正 遺留分制度の見直し

遺留分の権利を金銭債権化

相続法改正において、遺留分制度が2カ所見直された。

【改正1】遺留分を侵害された場合、その侵害を回復するための権利が〝金銭債権化〟された。

相続人が自身の遺留分を侵害されたときに、遺留分を金銭請求する権利を「遺留分侵害額請求権」という。

改正前は、不動産などの「物」に関する贈与の遺留分を主張した場合、その目的「物」自体の返還が請求されたものとして対処されていた。しかし権利が行使されると遺留分権利者と受遺者で目的物が共有状態となり、さまざまな問題が生じたのである。

具体例をあげると、被相続人が遺言で「事業を継がせる長男に、財産である会社の土地建物（評価額1億円）を相続させる」としたとする。次男のことは遺書で触れられていなかった（図19）。

次男はその遺言内容に不服があり、長男に対して遺留分侵害額請求権を行使した。次男の遺留分は次の計算式が成り立つ。

【1億円×2分の1×2分の1＝2500万円】

要するに、長男は土地建物の7500万円分を、次男は2500万円分をそれぞれ所有することになった。が、これだと会社の土地建物に共有状態が生じて経営上の自由が損なわれる恐れがある。

このような問題を回避するため、「物」の返還の権利を原則としていた内容を改正して、「金銭のみ」での返還を求める遺留分侵害額請求権に変更したのである。

生前贈与の遺留分は相続開始前10年以内に限定

また、従来の相続法では、相続人が被相続人から生前に受けた生前贈与などの特別受益については、期限が区切られておらず、遺留分の算定にどこまで含めるかが争点になることが多かった。

そのため期限を区切り、**【改正2】生前贈与は「相続開始前10年間にしたものに限って遺留分の対象財産」となる取扱いに改正**された。

相続法の改正で「遺留分制度」が変わった

図19 相続人の最低限の取り分を「お金」で請求できるようになった！

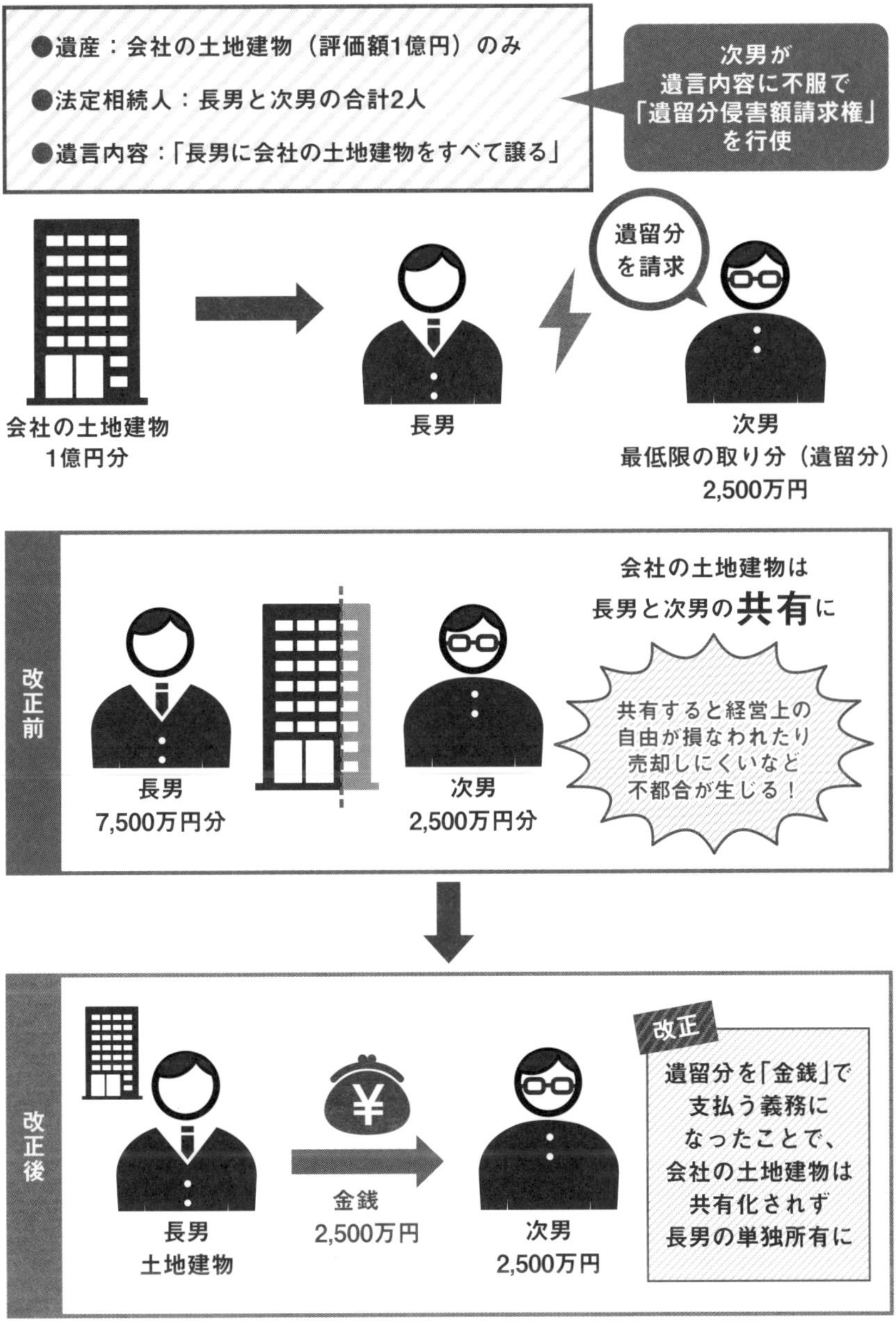
●遺産：会社の土地建物（評価額1億円）のみ
●法定相続人：長男と次男の合計2人
●遺言内容：「長男に会社の土地建物をすべて譲る」
次男が遺言内容に不服で「遺留分侵害額請求権」を行使
遺留分を請求
会社の土地建物 1億円分
長男
次男 最低限の取り分（遺留分） 2,500万円
改正前
会社の土地建物は長男と次男の共有に
長男 7,500万円分
次男 2,500万円分
共有すると経営上の自由が損なわれたり売却しにくいなど不都合が生じる！
改正後
長男 土地建物
金銭 2,500万円
次男 2,500万円
改正
遺留分を「金銭」で支払う義務になったことで、会社の土地建物は共有化されず長男の単独所有に

●相手方（事例の場合は長男）が、金銭をすぐに準備できない場合は、裁判所の判断で、支払期限を猶予する仕組みが設けられている。

改正 義理の親を介護した嫁は金銭請求できる！

特別寄与料の制度が新設

相続問題を深刻にさせるのが、被相続人への貢献度である。

たとえば、被相続人（父）に長男、長女、次男の3人の相続人がいたとする。被相続人が亡くなるまで長年、同居している長男が被相続人の療養看護につとめた。

このような場合、単純に法定相続分で遺産を分けてしまうと不公平が生じる。「面倒をみてきた分、他の相続人より多めに相続を受けたい」という考えが生まれ、それが揉め事の要因となり得るのである。

そのため相続法のなかには、療養介護をした相続人に、相続分以上の財産を取得させるための「寄与分」という制度がある（図20）。

しかし**これまでの相続法では、寄与分が主張できるのは相続人に限られていた。**

そのため、実質的には、相続人である長男ではなく、長男の妻（嫁）が被相続人の主な世話をしていたとしても、妻は相続人ではないため、義理の親の世話をしても遺産を受け取ることは認められていなかった。

このように亡くなった被相続人の身のまわりの世話を相続人以外の親族がしていた場合などを考慮し、今回の改正で、実質的な公平を図る制度「特別寄与料の制度」が新設された。

これにより、**相続する権利がない人でも被相続人の療養看護等をしていたら、遺産の相続人に「特別寄与料」を請求できるようになった**のである（図21）。

寄与者が特別寄与料を受け取るには、相続人たちに直接申し出る必要がある。特別寄与料の具体的な金額の決まりはなく、双方で、寄与の程度や期間、遺産の総額などを勘案して決めることになる。

ただし特別寄与料の制度に該当するのは、6親等（いとこの孫等）内の血族と、3親等（甥や姪等）の内の姻族（血族の配偶者等）の親族である。

事実婚や内縁など、戸籍上の親族でない人には適用されない。

新設の「特別寄与料制度」で義理の親を“介護した嫁”も相続可能に！

図20 どのような貢献をした人が特別寄与料の対象となる？

❶ 療養看護などの労務の提供が無償であること

❷ 提供する労務の種類は病気の世話や介護に限らず、被相続人が事業を行っていた場合、事業に無償で労務を提供した場合も対象となる

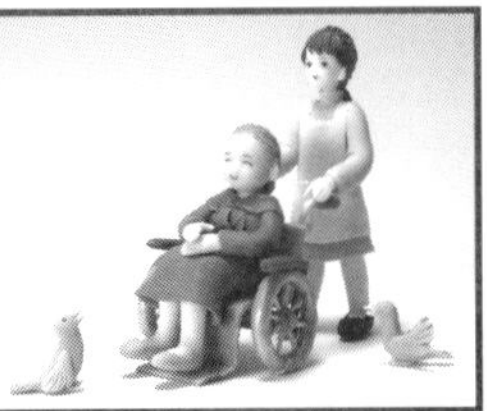

図21 夫の親を介護した嫁にも、特別寄与料として遺産を分けてもらえるようになった

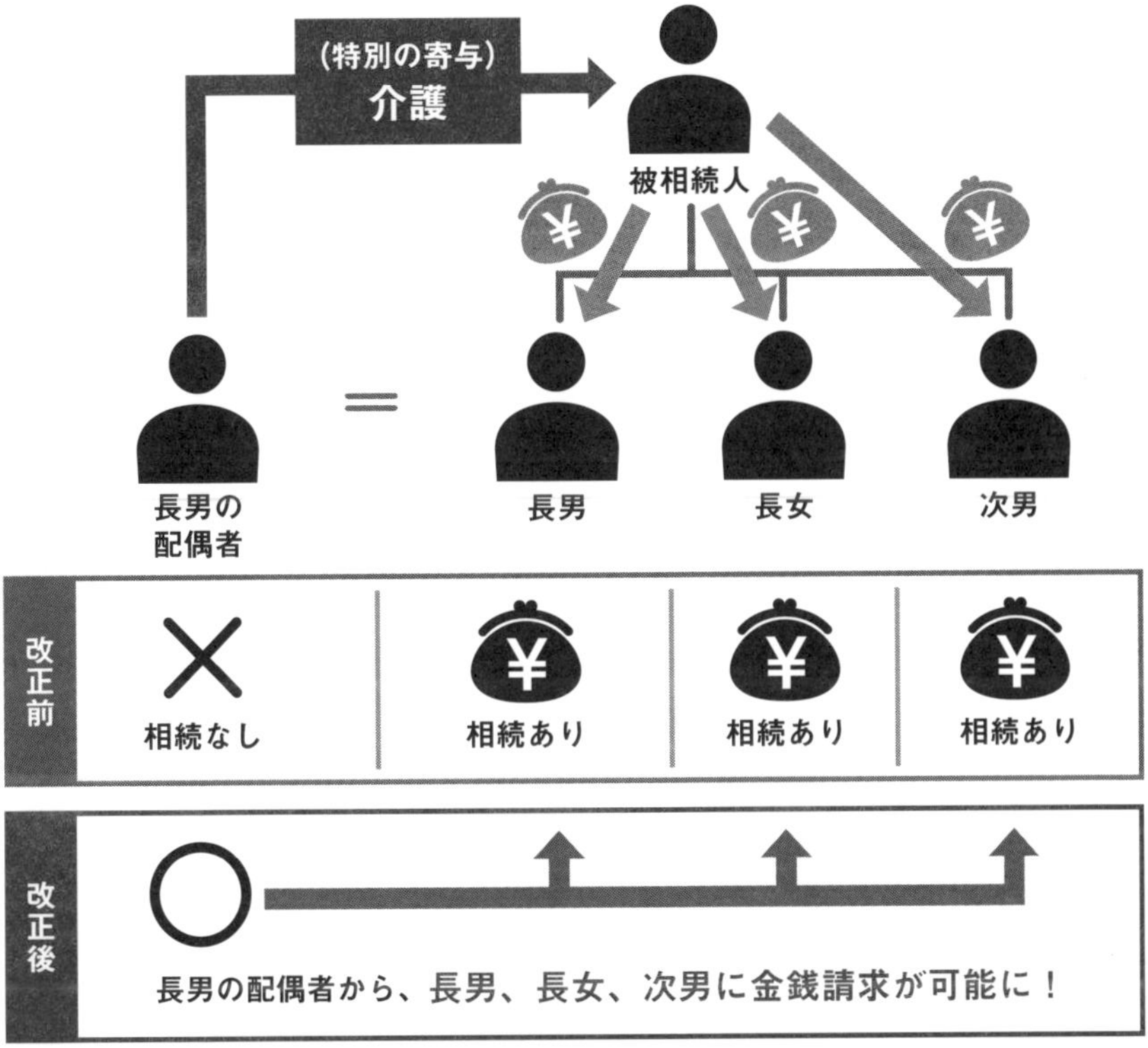

特別寄与料の請求

特別寄与者にあたる長男の配偶者は、独自の権利として、遺産を相続した各相続人（長男、長女、次男）に金銭を請求することができるようになった。

改正 遺産分割協議中でも被相続人の口座からお金を引き出せる！

預貯金の仮払い制度の創設

預貯金口座は、名義人が亡くなると凍結される。一度凍結すると、相続人であっても払い戻しはできなくなる。生活費や葬儀費用の支払い、相続債務の返済など、お金が必要になった場合でも自由に引き出すことができなくなるのである。

改正前は、お金を引き出したいときは相続人全員の合意がない限り、銀行は払い戻しに応じないことになっていた。そのため相続トラブルで遺産分割協議がまとまらない場合などは長期間預金を引き出せず、相続人は遺産分割終了するまでは、被相続人の預貯金の払い戻しが困難なことが問題視されていた。

今回の相続法改正で、遺産分割の成立前であっても、一定の条件のもとであれば、相続人全員の同意や家庭裁判所の判断を経なくとも、**単独で金融機関の窓口で払い戻すことができる「払い戻し制度」が新設された**（図22）。

一定の条件とは、次の2つである。

・金融機関ごとに1人が引き出すことのできる**上限金額は〝150万円〟、もしくは〝相続開始時の預金残高×3分の1×払い戻しを行う法定相続人の法定相続分〟のどちらか低いほうの金額**。

・仮払いを受けた場合は、その**金額分が遺産分割の際に相続額から差し引かれる**。

引き出したい場合は、金融機関に相続人であることを証明する法定相続情報、本人確認ができる身分証、故人の通帳、カード、印鑑を持参すれば引き出せる。

「死亡前後に預金口座から引き出しておく」はNG

余談だが、預貯金は相続税の対象になってしまうからといって、預金口座凍結前に多額のお金を引き出す人が稀《まれ》にいる。

しかし税務署は、預貯金の口座について詳細を確認することができるため、死亡前後に多額のお金が引き出されていれば当然知るところとなり、引き出されたお金は相続税の対象になるので、注意していただきたい。

遺産分割協議成立前に故人の預金を換金する手段が改正された！

図22 相続人が単独で預貯金の払い戻しできる金額
（相続人単独・1つの金融機関）

遺産分割協議の成立前

払い戻し制度が新設！

改正前	改正後
払い戻し ✕	払い戻し ○
銀行に払い戻しを請求するには基本的に遺産分割協議の成立が必要（相続人全員の合意）	遺産分割協議前でも個別に預貯金の引き出しが一部可能に！

払い戻しできる額の計算式

口座の預貯金額 × $\frac{1}{3}$ × 払い戻しを行う法定相続人の法定相続分

＝ **払い戻し可能額（上限150万円）**

例 配偶者（法定相続分$\frac{1}{2}$）が
A銀行の預金額1,200万円がある被相続人の口座から、払い戻しをするケース

【配偶者が単独で払い戻しできる金額】

1,200万円 × $\frac{1}{3}$ × 法定相続分 $\frac{1}{2}$ ＝ **200万円**

このうち150万円まで払い戻せる！

相続税の節税対策

そもそも相続税は、相続財産の評価額の合計に対して課されるものである。そのため、財産金額が減れば、税金も下がり、相続税が安くなる。

このことを基本とした節税策を、次ページからご紹介していく。

①相続財産そのものを減らす			
贈与する	生前贈与を上手に活用する		48〜51ページ
贈与する	相続時精算課税制度		52ページ
贈与する	貸借という形で財産分与		54ページ
②相続財産の評価額を下げる			
不動産の活用	現金を不動産にかえる		62ページ
不動産の活用	小規模宅地等の特例	自宅の土地評価額を減らす	64〜67、72ページ
不動産の活用	小規模宅地等の特例	【中金持ち向き】タワーマンションの購入	68〜71ページ
不動産の活用	小規模宅地等の特例	事業用の土地を相続した場合	104ページ
非課税財産を増やす	お墓など、相続税がかからない商品を購入する		56ページ
非課税財産を増やす	「生命保険」の非課税枠を利用する		58〜61ページ
③その他			
	配偶者控除を利用する		44〜47ページ
	【中金持ち向き】養子縁組により、法定相続人を増やす		96ページ

第2章

小金持ちのための相続税対策

節税ポイント

控除

配偶者控除を使えば1億6000万円まで無税！

配偶者には手厚い保護がある

相続税対策で最初に知ってほしいのが、「相続税には配偶者に対して大きな控除がある」ということである。**遺産を相続する人が被相続者（故人）の配偶者ならば、1億6000万円までは相続税はかからない**。

つまり夫が死亡した場合、妻は1億6000万円以内の遺産ならば、まったく相続税を払わずに相続できる。

さらに、**配偶者は、遺産の半分までは無税**という規定もある。相続において故人の遺産は「夫婦で築いたもの」という考え方をするため、一緒に築いた財産の半分（法定相続分）は配偶者のもので、非課税となるのだ。そのため1億6000万円以上の遺産があっても、遺産の額に関係なく半分までは配偶者は税金ゼロで受け取ることができる。

つまり、遺産総額が5億円である場合、配偶者が取得する金額のうち2億5000万円までは課税されないということになる（図23）。

これらの配偶者控除を生かさない手はない。相続人のなかに被相続人の配偶者がいる場合は、遺産分配のときに配偶者に多く配分すれば、相続税を安く抑えることができる。

具体例をあげると、1億3600万円の遺産を残して亡くなった人がいたとする。法定相続人は妻と子供2人の合計3人。この場合、法定相続分で分割すれば、子供2人には相続税がかかってしまう。しかし、妻だけに遺産を全額渡した場合は、相続税は全員ゼロになるのである（図24）。

だからまずは配偶者にすべてを相続させるのが、もっとも合理的な相続税対策だといえる。遺産が1億6000万円以下であれば全額を配偶者に相続させればよく、遺産が1億6000万円を超えていたとしても2分の1の金額までは課税されない。

そしていったん配偶者が相続したのち、次の相続（妻もしくは夫が死亡するとき）には**相続税がかからないように、時間をかけて子供たちに分配していけば**いいのだ。

相続税の配偶者控除

図23 配偶者の相続税は1億6,000万円or遺産の半分までは、なんと非課税！

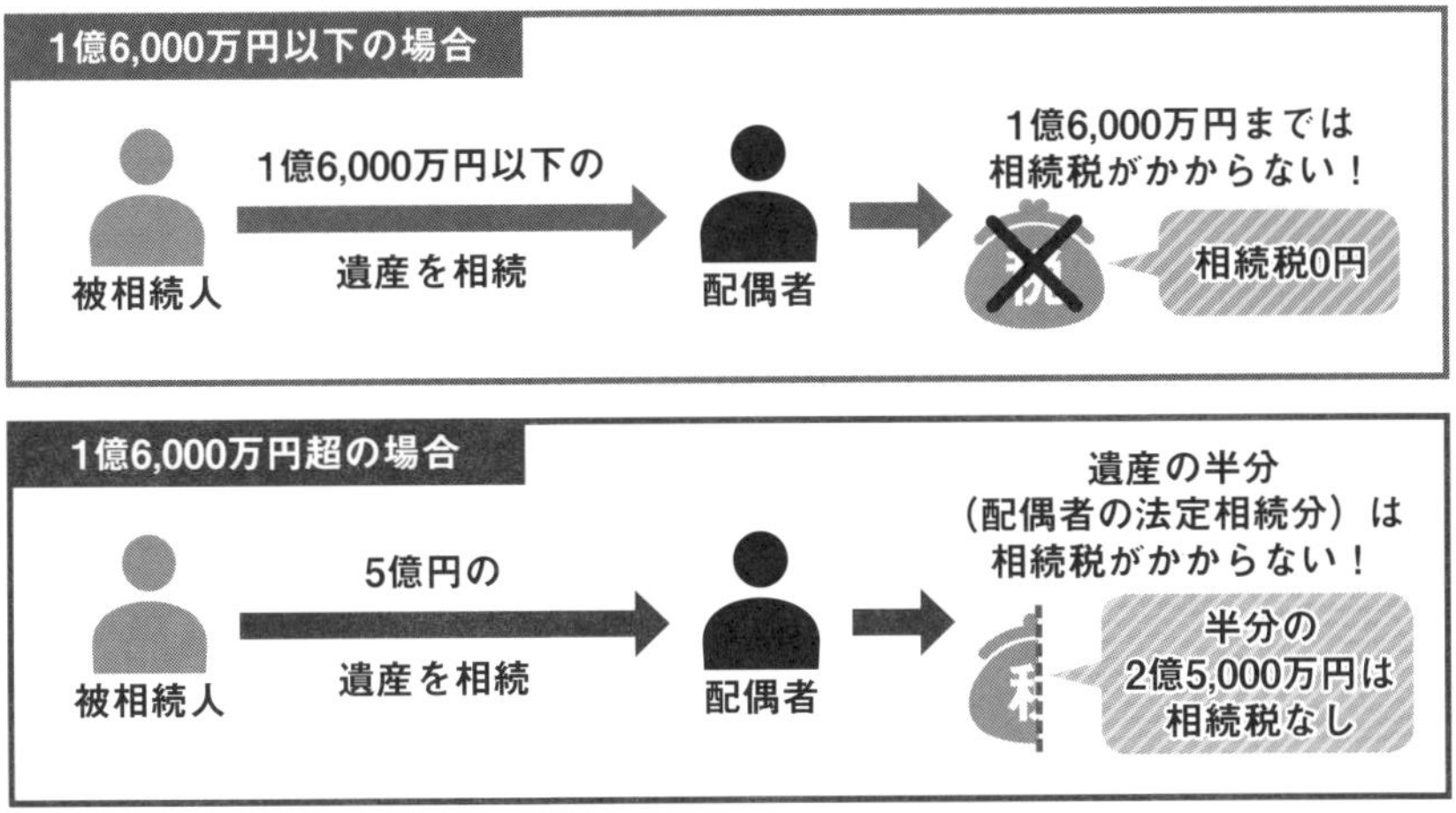

図24 遺産を配偶者に全額渡したら家族みんな相続税なし？

例 遺産総額は1億3,600万円。相続人は妻と子供2人の場合
（相続税額計算は16ページ参照）

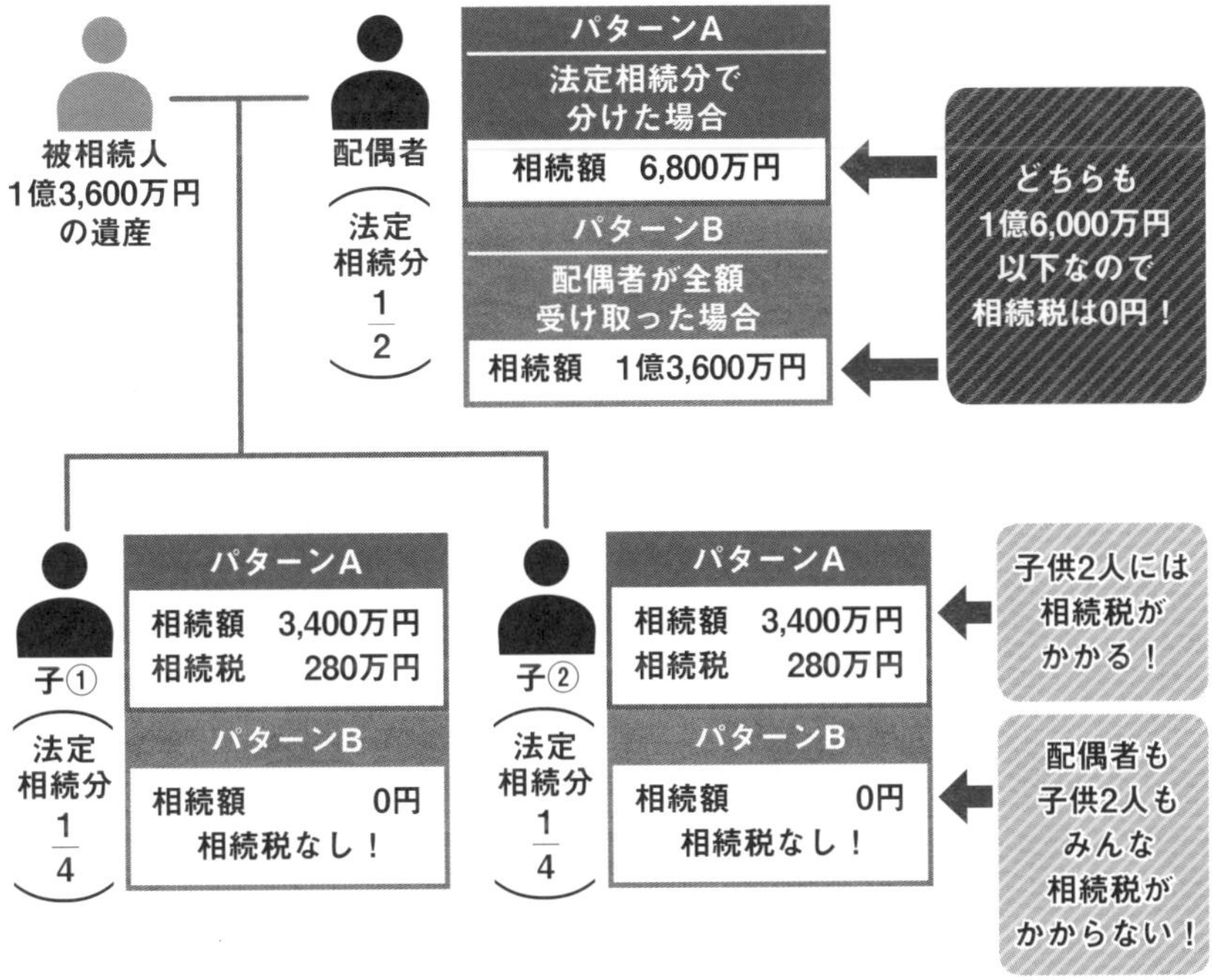

改正 配偶者の相続権が強化された

新しいルール「配偶者居住権」

2018年に40年ぶりに民法が大幅改正された。その大きな目玉が、配偶者の相続権の強化である。

この改正により、家を持っている夫婦のどちらかが死亡した場合、残された配偶者に対して「配偶者居住権」が創設された。

遺産となる自宅の権利を「所有権」と「居住権」に分けた制度で、夫婦で住んでいた建物（故人名義）の所有権を相続しない場合でも、配偶者は居住権を所得できるため、**終身にわたって、夫婦で住んでいた建物（故人名義）に住み続けることが認められた**のである。

それまでは、相続をする際に被相続人の預貯金などが少ない場合、足りない現金をまかなうためにやむを得ず、残された配偶者が住み慣れた自宅を売却して現金化し離れなければならない事態に陥ることがあった。

しかし今回の改正によって、配偶者はこれまで住んでいた自宅に住み続けながら、預貯金などの他の財産もより多く取得できるようになった。もしも遺産分割により、家が子供の所有になったとしても、もともと配偶者が住んでいた家であれば住み続ける権利が与えられ、配偶者のその後の生活の安定を図ることができるようになったのである（図25）。

また、終身住み続けられる長期の居住権に対して、遺産分割が終わるまで、もしくは相続開始から6ヵ月までの間、配偶者が自宅に住むことができる「短期居住権」も新たに設置された。

婚姻期間20年で自宅が相続の対象外になる

また**20年以上連れ添った夫婦が夫婦間で住居を生前贈与や遺贈した場合、その家は遺産額から除外**されることになった。

つまり配偶者がもらった家は相続分には含めず、家を除いた他の遺産を相続人で分け合う形になるのだ。

だから遺産相続に関する限り、配偶者を最優先に考えるのが、もっとも自然であり、相続税的にも得になる。

改正によって、遺された配偶者は家と現金の両方が手に入る！

図25 「配偶者居住権」の創設&結婚20年以上の配偶者への自宅贈与

●遺産：自宅（評価額3,000万円）＋預貯金（2,000万円）
●法定相続人：妻と長男、長女の合計3人
●分割方法　：法定相続分に従って相続
（法定相続分は配偶者$\frac{1}{2}$、長男と長女は$\frac{1}{4}$ずつ）

遺産総額	妻	長男	長女
自宅　3,000万円 預金　2,000万円	法定相続分$\frac{1}{2}$ 2,500万円分を相続	法定相続分$\frac{1}{4}$ 1,250万円分を相続	法定相続分$\frac{1}{4}$ 1,250万円分を相続

改正前　相続のための現金が足りないため、自宅を売却する事態が起こる。

売却 預金5,000万円に	相続した財産 預金2,500万円 ただし自宅を売却したため住む家なし！	相続した財産 預金1,250万円	相続した財産 預金1,250万円

改正後　妻が配偶者居住権を選択した場合、自宅に住み続けることができるようになった！

自宅 居住権 1,500万円 ｜ 所有権 1,500万円 預金　2,000万円	相続した財産 自宅居住権 1,500万円 預金1,000万円	相続した財産 自宅所有権 750万円 預金500万円	相続した財産 自宅所有権 750万円 預金500万円

＊配偶者居住権を1,500万円、所有権を1,500万円で評価

さらに　結婚後20年以上の配偶者が自宅を生前贈与や遺贈を受けた場合、自宅は遺産分割の対象から「除外」！「自宅」を遺産から切り分けてから、他の相続人と遺産分割が可能になった。

自宅　0円 自宅は遺産分割の計算対象にならない！ 預金　2,000万円	相続した財産 預金1,000万円 ＋ 自宅（遺産分割外）3,000万円	相続した財産 預金500万円	相続した財産 預金500万円

節税ポイント 贈与

生前贈与は節税対策のキホン

生前贈与で相続財産を減らしておく

相続税は死亡した時点での相続財産の評価額合計に対して課税されるため、**相続財産の合計額をできる限り小さくしておく**ことも、節税対策のキホンとなる。

数ある相続税対策のなかでも、比較的容易にできる方法が「生前贈与」を活用した節税法である。

「生前贈与」とは財産を渡す人が生きている間に、誰かにお金や不動産などの財産をあげることである。贈与した分、財産は減るため、相続時の財産を減らすことができる。

しかし、だからといってむやみに生前贈与として財産を分配してしまえば、**贈与を受けた人には「贈与税」が課される**。贈与税の税率は相続税より高い（図26）。一度に多額の財産を贈与すると重い贈与税がかかるのだ。

しかし、この贈与税には控除額がある。控除額というのは、「ここまでの金額の贈与ならば、贈与税はかからない」という額で、この控除額は、「年間110万円（基礎控除額）」だ。生前贈与で節税をするためには、この特性をうまく利用するテクニックが必要になる。

贈与税の計算方法

贈与税には「暦年課税」と「相続時精算課税」の2つの課税方式がある。「相続時精算課税」は、場合によっては得になるが、直接的な節税効果はないため、主に節税として活用されるのは「暦年課税」となる。

暦年課税の場合、贈与税は1人の人が1月1日から12月31日までの1年間にもらった（生前贈与された）財産の合計額に課税される。

贈与税額は、簡単に計算することができる（図27）。

①その年の1月1日から12月31日までの1年間に、贈与された財産の価額を合計する。

②合計額から基礎控除額110万円を差し引く。

③残りの金額に税率を掛けて、速算表控除額を差し引く。

なお、20歳以上の子や孫に、親や祖父母から贈与する場合には、特例税率を適用できる（図26右側）。

図26 贈与税の速算表

贈与税から110万円の基礎控除額を差し引いた価格	一般的な贈与の場合		親または祖父母から20歳以上の子や孫へ贈与する場合	
	税率	控除額	税率	控除額
200万円以下	10%	なし	10%	なし
300万円以下	15%	10万円	15%	10万円
400万円以下	20%	25万円		
600万円以下	30%	65万円	20%	30万円
1,000万円以下	40%	125万円	30%	90万円
1,500万円以下	45%	175万円	40%	190万円
3,000万円以下	50%	250万円	45%	265万円
4,500万円以下	55%	400万円	50%	415万円
4,500万円超			55%	640万円

図27 贈与税の計算方法

（1年間の贈与財産の合計額 － 基礎控除額110万円）

× 速算表の税率 － 速算表の控除額 ＝ 贈与税

例　1月から12月までの1年間に父から300万円、祖父から500万円の贈与があった場合（贈与を受けるのは20歳以上）

1年間の贈与額を計算　300万円 ＋ 500万円 ＝ 800万円

基礎控除額を差し引く　800万円 － 110万円（基礎控除額）＝ 690万円

速算表の税率を掛け、控除額を差し引く

690万円 × 30%（税率）－ 90万円（速算表控除額）＝ 117万円

↑ 税務署に納付する贈与税額

節税ポイント 贈与

ちょっとした資産ならば10年で親族に分配できる

毎年110万円ずつ贈与して財産を減らす

「普通の人」や「小金持ち」が持っている数千万円程度の資産であれば、10年もあれば親族に分配できる。

その方法は簡単である。**自分の親族などに対して、毎年110万円ずつ贈与するというだけ**である。

なぜ110万円かというと、贈与税の基礎控除額が年間110万円だからである（図28）。

贈与税には1人あたり年間110万円までの非課税枠がある。すなわち、受贈者（贈与を受けた人）が年間で110万円を超える財産を受け取っていれば贈与税の申告と納税義務が生じるが、**110万円以下の金額であれば贈与税の申告は必要なく、無税**だということである。この110万円の非課税枠をフルに使えば、ちょっとした資産ならばすぐに分散させてしまうことができる。

贈与税には親族制限も人数制限もない

贈与税は「あげる側」ではなく「もらう側」に適用されるものである。だから、あげる側には贈与税がかからないので、あげるほうは何人にあげてもいい。

しかも相続税のような親族縛りはなく、**贈与するのは親族に限らなくてもいい**。

知人でも友人でも年間110万円までの贈与には税金がかからないのである。

たとえば、1億円の資産をもっていた人がいたとする。配偶者は死亡して、子供はおらず、弟がいるだけである。このまま死ねば弟にはかなりの相続税がかかってくる。

そこで孫、甥や姪、友人など6人に対して毎年110万円ずつ贈与したとする。すると、10年間で6600万円の資産を、贈与税ゼロで分散することができるのである。結果的にこの人の遺産は3400万円程度になり、相続税がかからない額になる（図29）。

このように1億円程度の遺産であれば、贈与税の控除枠110万円を使えば、すぐに分散させることができる。

ただし、亡くなる前3年以内の生前贈与は相続税の課税対象になるため、注意が必要である。

贈与は年110万円まで税金がかからない

図28 贈与税は贈与を受けた人にかかる

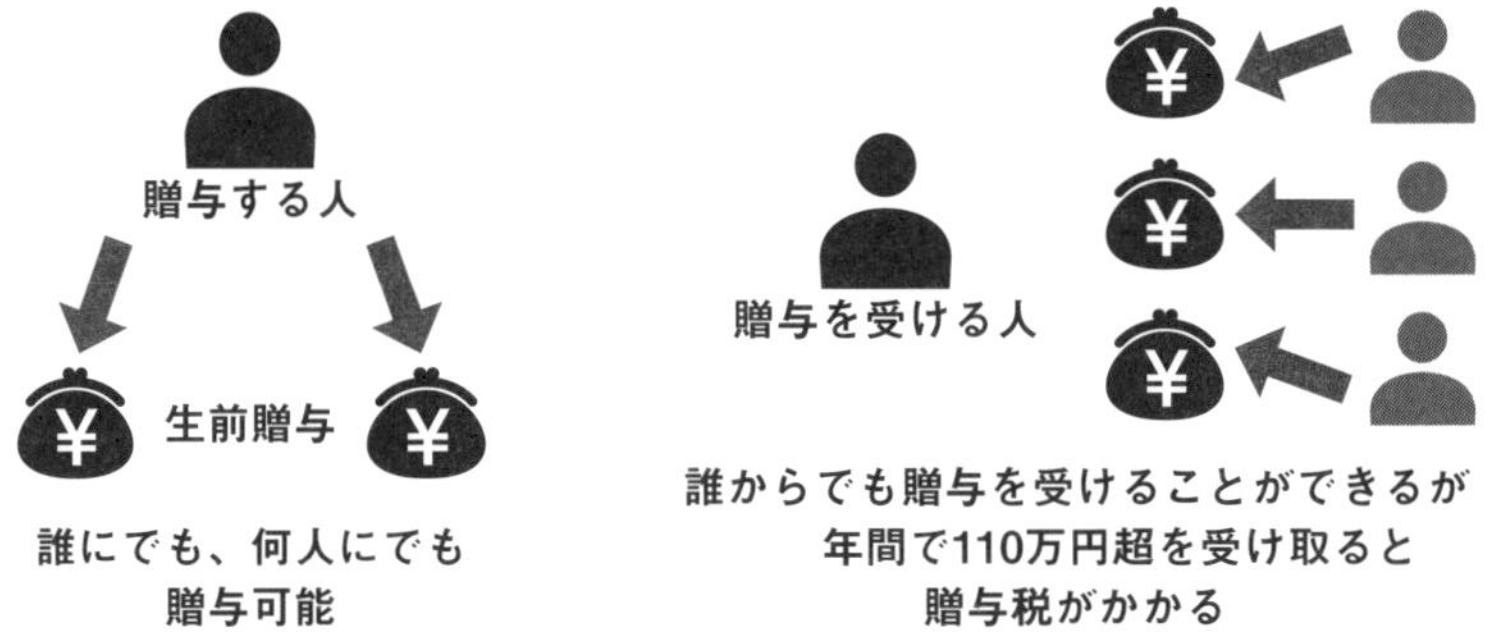

図29 毎年110万円ずつを生前贈与すれば無税。死後の相続税も減らせる！

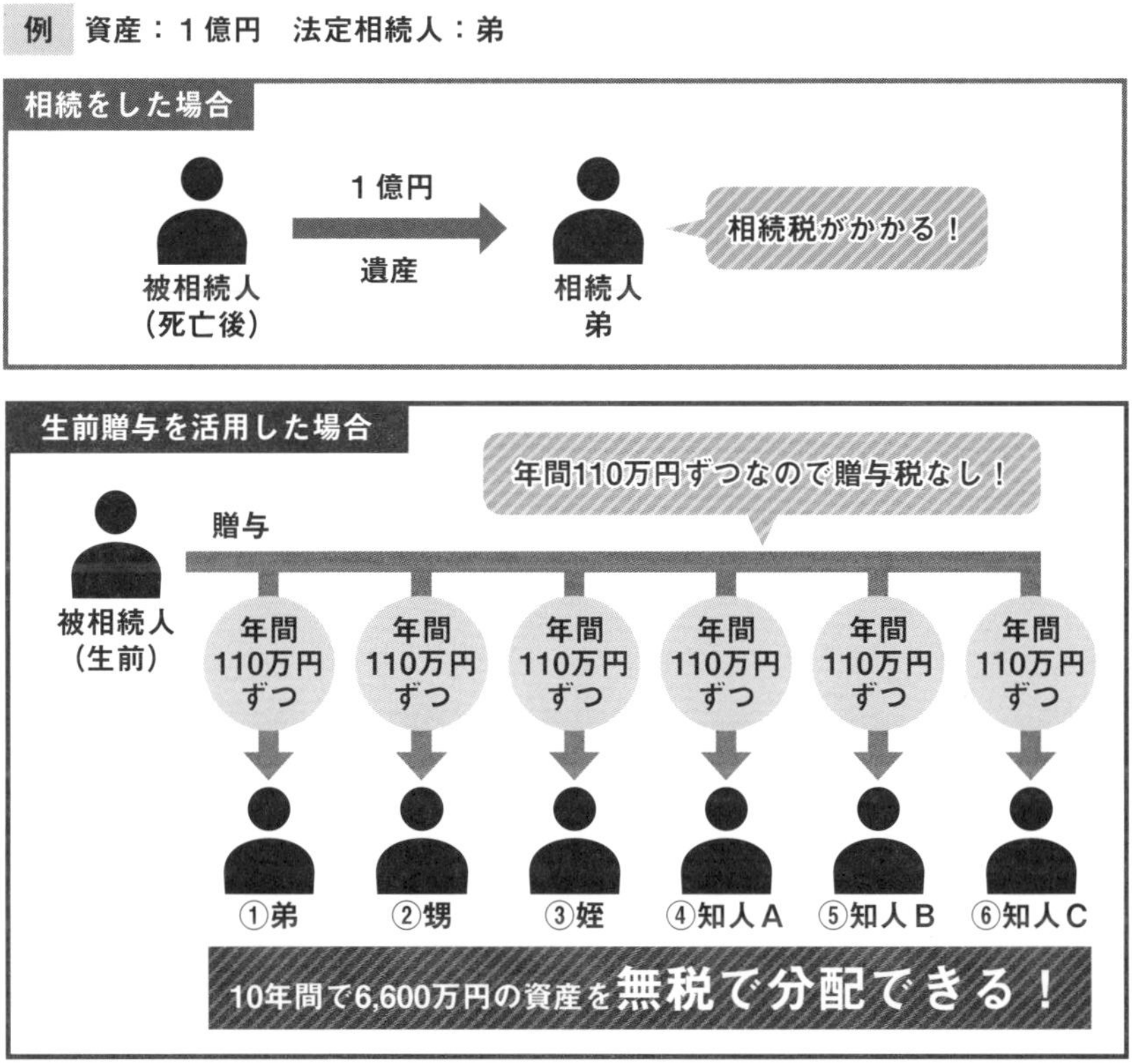

2500万円まで非課税で贈与「相続時精算課税」

相続時に税額を精算する制度

贈与税の課税方式の1つである「相続時精算課税」のことも説明しておこう。

「相続時精算課税」は、ざっくり言えば、**「60歳以上の親か祖父母が生前に、20歳以上の子供か孫に財産分与すれば、受贈者1人につき2500万円までの贈与が非課税」**という制度である。

暦年課税の場合は非課税枠を1年ごとに区切っているが、相続時精算課税では複数年に分けて2500万円までは非課税で贈与できる（図30）。そのため1回で多額の贈与が可能なので、教育資金や住宅資金など、まとまった額を贈与する場合に向いている。

ただし贈与税がかからない代わりに、この**相続時精算課税の非課税枠を使って財産分与をされたものは、贈与者（被相続人）が死亡した相続開始時に相続財産に加算される**ので注意が必要である。

たとえば、贈与者の相続財産が5000万円で、相続時精算課税による贈与が2500万円であれば、相続財産を7500万円として相続税が計算されることになる。

「亡くなったときに改めて相続財産に加算されて相続税がかかるなら、相続税対策としては意味がないのでは？」と思われる方もいるだろう。

でも「相続時精算課税」は使い勝手がいいといえる。たとえば、相続時精算課税の特別控除は2500万円と大きいので、大きなお金を短期間で一気に移動させたい場合に適している。

控除額の2500万円を超えてしまった場合でも、この制度を選択した人は一律20％しか課税されない。同じ価格でも暦年贈与の累進課税制度は10％～55％で贈与額が大きいほど高額になるため、贈与額が高額な場合は暦年課税より税額を抑えることができるのである。

ただしこの相続時精算課税を使う場合は、税務署への申告が必須になる。また暦年課税から相続時精算課税に切り替えることができるが、相続税精算課税を一度選択すると、暦年課税に切り替えることはできない。

郵便はがき

料金受取人払郵便

牛込局承認

8133

差出有効期間
2023年 8 月
19日まで
切手はいりません

162-8790

東京都新宿区矢来町114番地
神楽坂高橋ビル5F

株式会社ビジネス社

愛読者係 行

ご住所 〒 TEL:　(　　)　FAX:　(　　)		
フリガナ お名前	年齢	性別 男・女
ご職業	メールアドレスまたはFAX メールまたはFAXによる新刊案内をご希望の方は、ご記入下さい。	
お買い上げ日・書店名 年　月　日　市区 町村　書店		

ご購読ありがとうございました。今後の出版企画の参考に
致したいと存じますので、ぜひご意見をお聞かせください。

書籍名

お買い求めの動機

1　書店で見て　　2　新聞広告（紙名　　　　　　　　　　　）

3　書評・新刊紹介（掲載紙名　　　　　　　　　　　）

4　知人・同僚のすすめ　　5　上司、先生のすすめ　　6　その他

本書の装幀（カバー），デザインなどに関するご感想

1　洒落ていた　　2　めだっていた　　3　タイトルがよい

4　まあまあ　　5　よくない　　6　その他(　　　　　　　　　　　　)

本書の定価についてご意見をお聞かせください

1　高い　　2　安い　　3　手ごろ　　4　その他(　　　　　　　　　　　)

本書についてご意見をお聞かせください

どんな出版をご希望ですか（著者、テーマなど）

多額を一気に贈与したいときには「相続時精算課税」

図30 暦年課税と相続時精算課税の比較

	暦年課税	相続時精算課税
贈与者	制限なし	60歳以上の父母または祖父母
受贈者	制限なし	20歳以上の子または孫
贈与勢の計算	(贈与財産の合計額－110万円)×速算表の税率－速算表の控除額	(贈与財産の合計額－2,500万円) ×20% 課税価格は贈与者ごとに合計する
非課税枠	受贈者1人につき年間110万円	受贈者1人につき2,500万円(複数年にまたがって可)
選択の届出	不要	必要。贈与を受けた翌年の2月1日から3月15日までの間に相続時精算課税選択届出書を税務署に提出
税率	110万円超過分に対し10～55%	2,500万円超過分に対し一律20%
申告	非課税枠内(年間110万円以下) であれば申告不要	贈与があった年は金額にかかわらずそのつど申告
贈与税の納付	贈与時に納付し、完了	贈与時に納付し相続時に精算
相続時(贈与者死亡時)	贈与財産の課税関係はすでに完了相続財産には加えない ＊ただし、死亡時から3年以内の贈与分は相続財産に加算される	死亡時に贈与分全額を相続財産に加算 ＊超過分で納税した贈与税が相続税額を超える場合は超過分の贈与税は還付
税率	いつでも相続時精算課税に移行可能	一度選択したら暦年課税に切り替えることはできない

貸借という形で、財産分与してもらう方法

贈与税を逃れる裏ワザ

親が子に家を購入してあげる場合、本来は贈与税がかかる。前項の「相続時精算課税」という制度を使えば2500万円までは無税で援助できるが、これは親が死亡したときには相続財産として加算しなければならない。

が、ここで裏ワザを1つ紹介しよう。**「金銭貸借」を使えば、無税で親が子に家を買ってあげることができる。**

簡単に言えば、「住宅資金を借りる」という形にして支援をしてもらう、というものだ。たとえば、親が子に3000万円の家を買ってあげたとする。そしてこの3000万円を〝親が子に貸した〟ことにするのだ。これは贈与ではなく、貸借なので、贈与税はかからない。そしてその返済に裏ワザがある。

贈与税110万円の非課税枠を使い、毎年の返済金のうち、110万円は親から贈与してもらったことにするのだ。これで110万円を実際には返さずとも、返したことにできるのだ（図31）。

具体例をあげると、返済額を月9万円という金銭の貸借契約をする。それから毎年親から108万円を親に返済するのだが、そのときに毎年親から108万円贈与してもらったとして贈与税の申告をすれば、毎月の返済は、これで賄える。贈与税の控除額を応用した財産分与である。

ただ、この方法には2点、気を付けることがある。

1つは、貸借の契約書を結ぶことだ。利子もある程度つけなくてはならない（銀行の住宅ローン金利の一番安い程度あれば十分）。もう1つは返済の実績がなければならない。親からの贈与金で相殺するにしろ、いったん親からお金をもらい、それを親に返済するという形をとる必要がある。これは現金による授受でもいいが、お金を返したという記録が残しておくために、なるべくなら振り込みのほうがいい。

この手順をきちんと踏めば、税務署も文句はいえない。要は、世間一般で通用する「貸借契約」を結び、返済などの記録が残っていれば、親子といえども「貸借契約」は認められるということなのだ。

これぞ抜け道！　贈与税の控除額を応用した財産分与

図31 贈与ではなく、親から借金をしてお金を受け取ると贈与税ゼロ!?

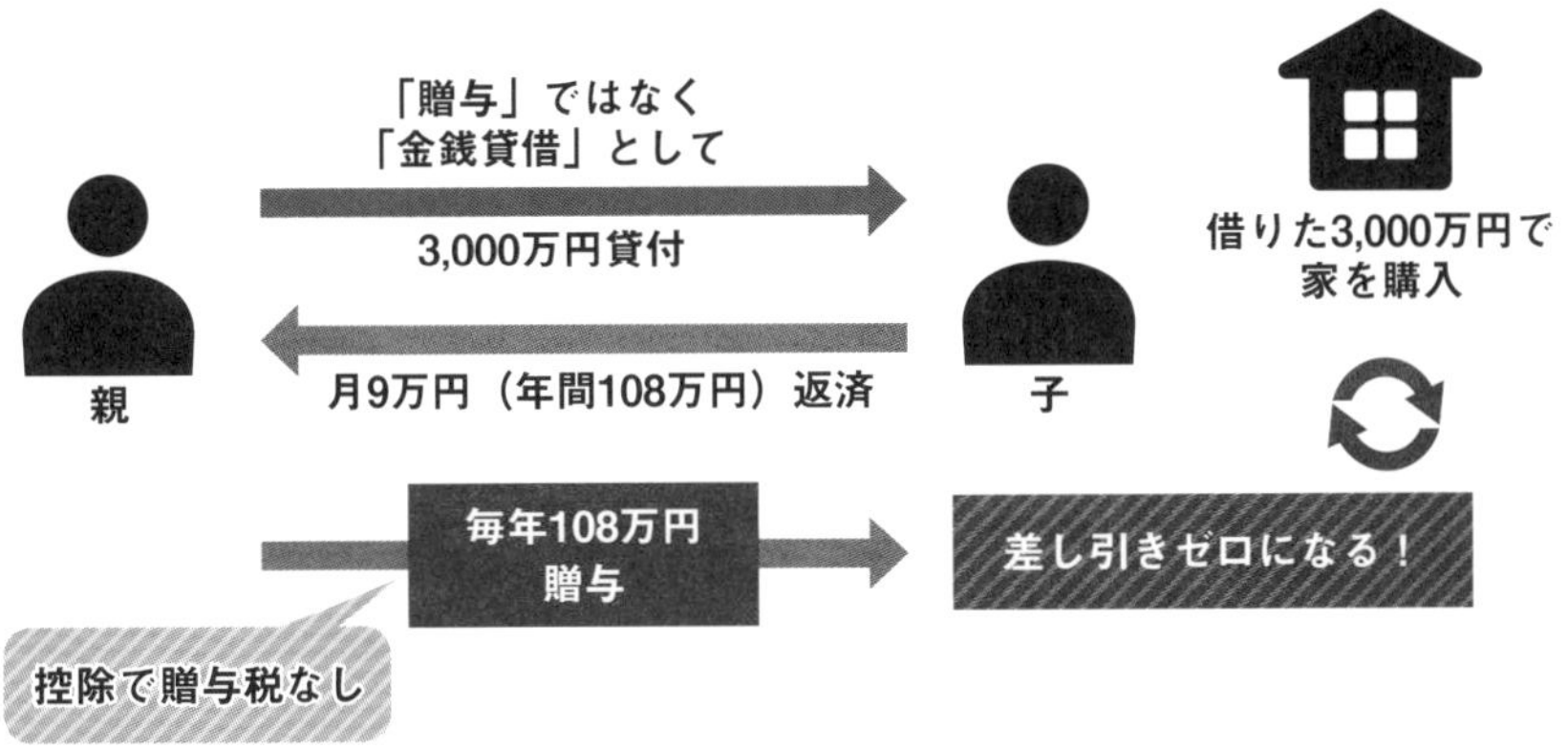

親と子であっても、きちんとした手順を踏めば貸借関係が認められる。
親からの贈与ではなく貸借だと認められるようにするためには、「貸借契約書」「返済記録」「利息あり」の実績を残しておく必要がある。

令和3年度税制の改正大綱「住宅購入資金の贈与税非課税の要件緩和」

住宅を購入する際に親や祖父母などから資金を援助（贈与）してもらうと、本来は贈与税がかかる。が、**住宅購入資金の贈与に関しては、受贈者1人につき一定の額までの贈与税が非課税になる**という特例がある。ただし適用は令和3年12月31日までの贈与に限る。

令和3年度の税制改正によって、この「住宅取得等資金贈与の特例」の非課税枠と面積要件が見直された。

購入する家の床面積は「50㎡以上240㎡以下」という条件があったが、今回の改正で、贈与を受ける側の**所得が1,000万円以下であれば「40㎡」という小さい家でも非課税の対象**となり購入資金をもらえるようになった。

また、令和3年4月以降の契約締結分については贈与税非課税枠が縮小されるはずだったが、改正により、**令和3年12月31日まで、令和2年度の非課税枠の水準（最大1,500万円）に据え置かれる**こととなった。

住宅用家屋の種類／契約締結日	消費税10%		消費税10%以外	
	省エネ等住宅	それ以外の住宅	省エネ等住宅	それ以外の住宅
令和3年4月～12月	1,200万円 改正後⬇ 1,500万円	700万円 改正後⬇ 1,000万円	800万円 改正後⬇ 1,000万円	300万円 改正後⬇ 500万円

節税ポイント

非課税財産

「相続税がかからない財産」を利用する

生前に「お墓を買っておく」という節税策

相続税は基本的に故人が残した「金銭的価値のある資産」はすべて課税の対象となる。けれども相続財産のなかには、相続税が課税されない「非課税財産」がある。図32に示すように、相続税の「非課税財産」は多岐にわたる。

たとえば非課税財産のなかには、お墓や仏具などの祭《さい》祀《し》財産があるほか、生命保険金や死亡退職金の一定の金額が非課税とされていて、その一定の金額はそのまま受け取ることができる。

だから、自分の持っている**資産のうち、相続税のかからない資産を増やせば、相続税がその分、安くなる**というわけだ。

非課税資産の代表的なものに「お墓」がある。

生前に自分のお墓を建てておけば、その分の費用は相続資産から減額できる。

自分の死後、お墓が必要になるとわかっているのであれば、ぜひ死ぬ前に建てておくことをおすすめする。死んだ後に遺言からお墓代を賄っても、相続税の減額はできない。あくまで生前に入手したお墓を「引き継ぐ」形でないと、相続税の非課税財産にはならないのだ。

お墓はすでにある、という人は、仏壇などを購入する手もある。ただ純金製だったり骨《こっ》董《とう》的な価値があるものは非課税にはならないため、注意が必要だ。

ひとつ気をつけたいことは、相続資産1億円以下の遺産の場合は、相続税対策のためにお墓や仏壇を200万円で購入しても、節税できる金額は購入額の1割か2割の20万円ほどである。

そのためあくまでも**お墓や仏壇を購入するのは「今まで持っていなかった人」「死後、遺族が必ず買うであろう人」にとって有効な策**といえる。

また、相続した財産を国や地方公共団体、公益法人などに寄付した場合、または公益信託の信託財産とした場合も、その寄付金は相続財産から除外されるので、参考にしていただきたい。

図32 相続税がかからない財産

「非課税財産」となる資産を増やせば、課税財産が減り、相続税が安くなる！

墓地や仏壇、
神像、仏像、
仏具など、日常的に
礼拝している
宗教的なもの

①生前に亡くなった人が購入しているものが対象
②商品や投資目的として所有する仏像等は対象外（相続財産とみなされる）

国や
地方公共団体への
寄付

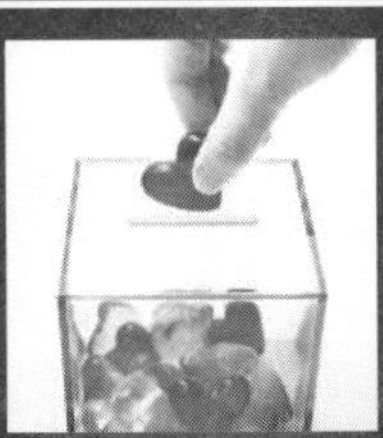

国や地方公共団体、特定の公益法人等に寄付をした財産は非課税
（相続税の申告に際し、一定の手続きが必要）

相続人が受け取った
「生命保険金」の一部の額

受取人が被保険者の法定相続人の場合、受取人に支払われる死亡保険金は「500万円×法定相続人の数」まで非課税

相続人が受け取った
「死亡退職金」の一部の額

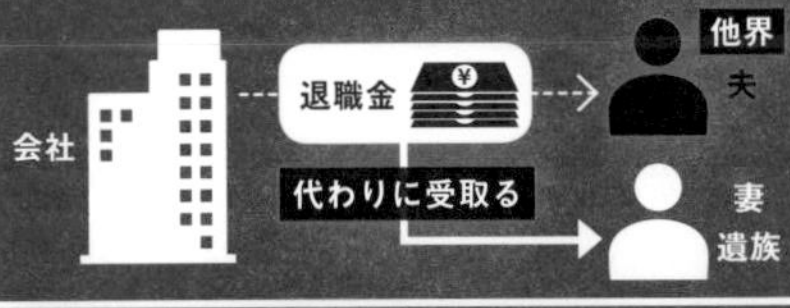

「500万円×法定相続人の数」までは非課税

その他の非課税財産

- 宗教・慈善・学術など「相続する財産が公共事業・公益目的で使ってもらうことが確実なもの」
- 心身障害者共済制度に基づいて支給される給付金を受ける権利
- 個人経営の幼稚園の事業用財産

節税ポイント
非課税財産

「生命保険」を味方につける

「法定相続人1人あたり500万円」まで非課税

生命保険の死亡保険金は、相続税の課税対象となる「みなし相続財産」に該当する。が、**生命保険金には非課税枠が設けられていて、「法定相続人×500万円」まで非課税枠その非課税枠内の金額は相続の課税対象から外される**。

この非課税枠はうまく使えば相続税の節税対策として有効である。即効で、無税で、自分の資産を親族に移すことができるのだ。

たとえば終身保険に加入していれば、「法定相続人×500万円」の財産を無税で譲渡することができる(図33)。具体例をあげると、2000万円の資産を持っている人がいるとする。法定相続人が3人の場合、合計1500万円(500万円×3人)までの生命保険については相続税が課されない。

このとき、財産が現金だと2000万円全額に相続税が課されるが、財産のうち1500万円を生命保険に変えると500万円に対しての課税となり、結果として1500万円を無税で相続させることができる。

また死亡保険金は、遺産分割の対象にならず各受取人の固有の財産となる。なお、保険金を受け取る人が複数いる場合の非課税になる金額は、その受け取る保険金の割合に応じて分配される。

非課税が適用される加入の仕方

生命保険は、契約形態によって税金の種類が変わる(相続税・所得税・贈与税)。相続税の非課税枠を適用したい場合は、保険の契約形態を**「契約者=被保険者」で、「受取人は法定相続人」**にする必要がある(図34)。

法定相続人以外を受取人としたら取得した保険金の全額に相続税が課税される。

また、配偶者はもともと最低1億6000万円の非課税枠を持っているため、生命保険の非課税枠の恩恵は税額軽減が使えない子供等に対して使ったほうが得をするという考え方もある。だがやり方を間違えれば大変なことになるケースがある。

生命保険を活用して相続税を非課税にする方法

図33 死亡保険金受取時の非課税枠

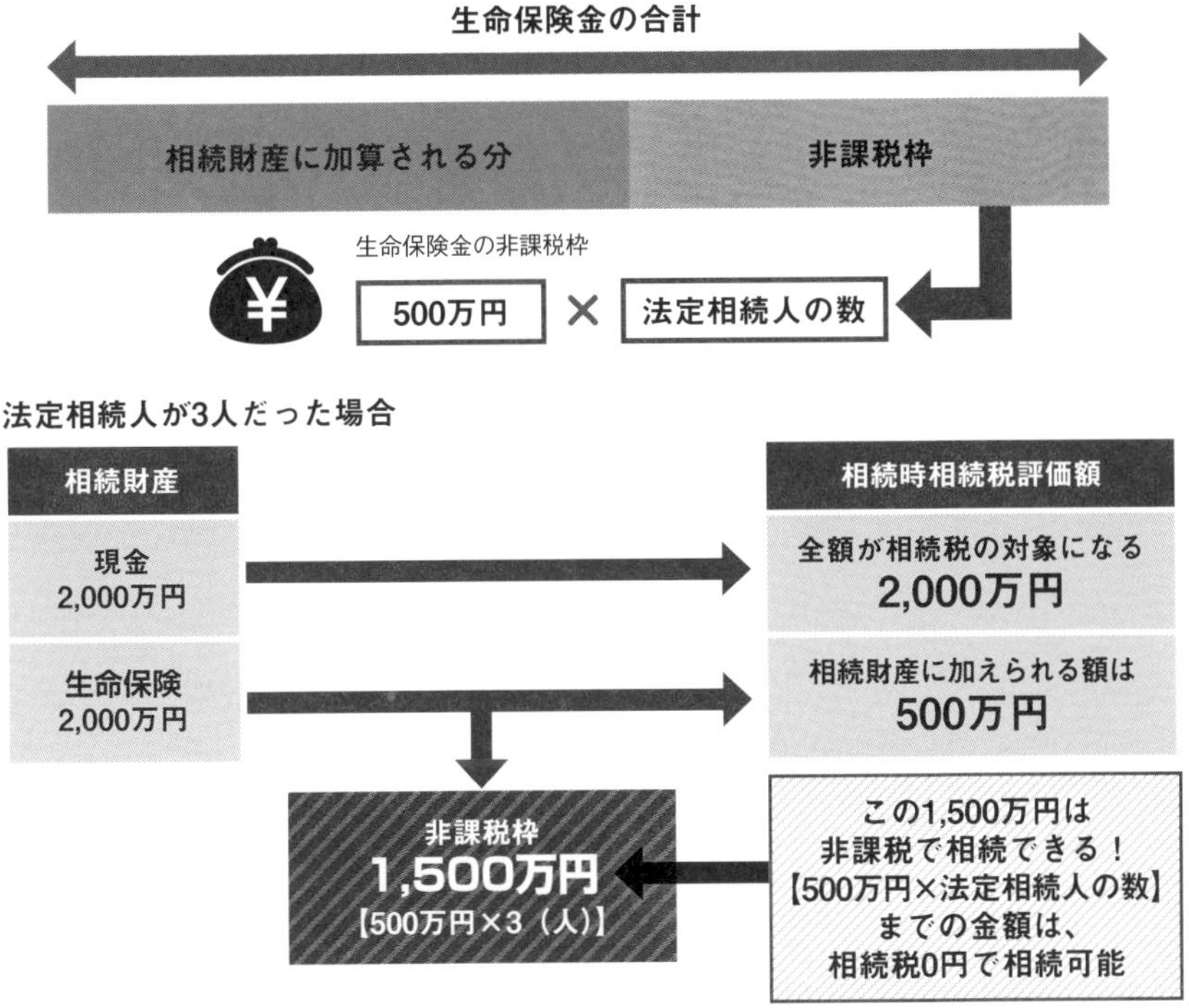

図34 生命保険の契約形態で異なる税金の種類

	条件	被保険者	契約者（保険料の負担者）	受取人	税金の種類
死亡保険金（終身保険、定期保険など）	被保険者＝契約者	故人（父）	故人（父）	配偶者か子供（法定相続人）	相続税
		受取人が被保険者の法定相続人の場合、非課税の適用が可能			
	契約者＝受取人	故人（父）	配偶者（母）	配偶者（母）	所得税（一時所得）
	契約者 被保険者 受取人が異なる	故人（父）	配偶者（母）	子供	贈与税

この中ではもっとも税額が低い

節税ポイント
非課税財産

子供名義にするならば、多額の保険金をかけてはいけない

非課税枠の落とし穴

相続税対策として、生命保険は〝微妙〟な存在だ。というのも、生命保険は敵にも味方にもなる。

たとえば、**生命保険の受取人をうっかり子供名義にしてしまうと、多額の相続税がかかる場合がある**のだ。

具体例をあげよう。父親が受取人を娘にして1億円の生命保険に入っていたとする。法定相続人は妻と娘の計2人だった。その場合、父親が死亡したときには娘に1億円の保険金が入ることになる。

そのうち1000万円までは生命保険控除で非課税だが、その生命保険控除と基礎控除、未成年者控除を入れたとしても、控除額は5200万円にしかならず、残りの4800万円にはまともに相続税がかかってくるのである。相続税額にして、なんと760万円である（図35）。

この場合、もしも生命保険の受取人を妻にしておけば、1億6000万円までの配偶者控除が受けられるため、1億円を受け取っても相続税はかからなかった。

このように、多額の生命保険の場合、よほどのことがない限り受取人の名義は子供にしてはならない。非課税枠があるとはいえ、金額が多額であれば非課税枠は微々たるものであり、受け取った生命保険にまともに相続税がかかってくることになる。

生命保険の非課税枠を有効に使う

一方、**保険金が数百万円程度の生命保険ならば、この控除額は効力を発揮する**。もし、5000万円の資産を持っている人が、500万円の終身保険に2口入ったとする。保険料は一括払いにして、受取人は子供2人。この人が死亡したとき、子供2人には生命保険金がそれぞれ500万円ずつ入るが、これには相続税がかからない。

そして、残りの資産は4000万円だから、法定相続人が2人以上いれば相続税はかからない。だから2人の子供は相続税を払わずに済むのである（図36）。

このように生命保険はうまく使えば、とても有効な節税策となる。

生命保険の受取人を子供にするなら注意が必要！

図35 子供名義で多額の保険金をかけた場合

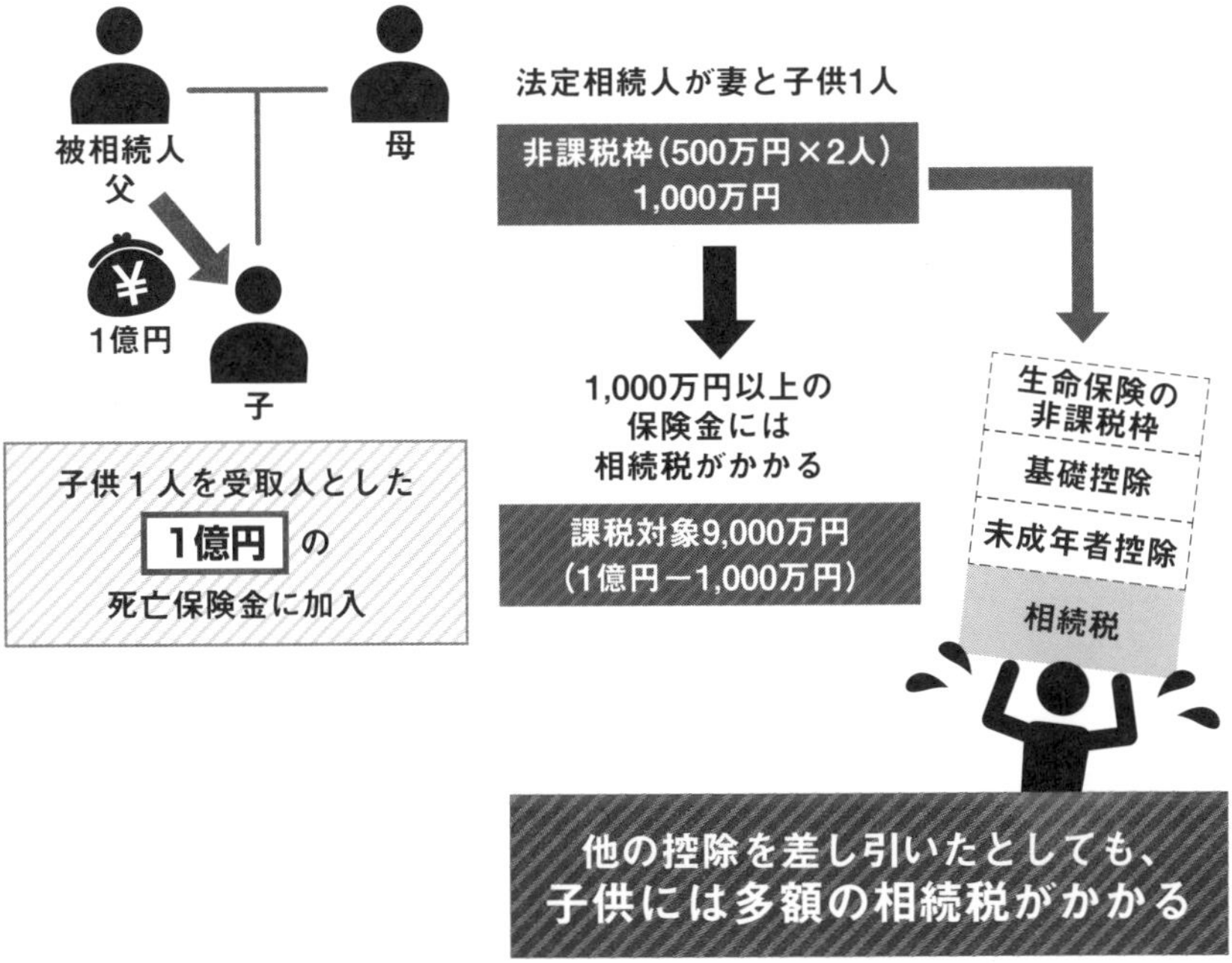

図36 非課税枠を有効に使う、子供名義の保険金のかけ方

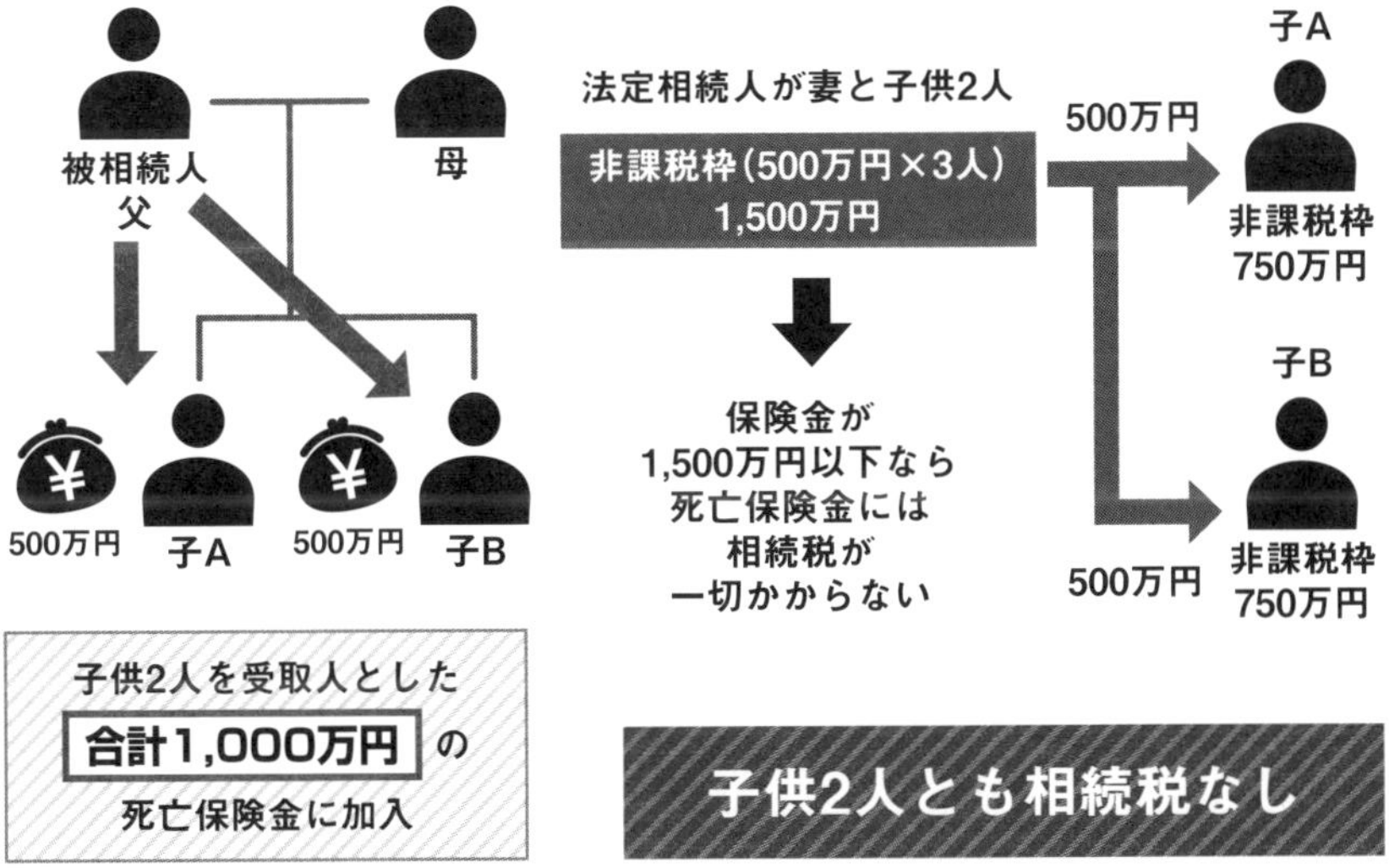

節税ポイント
不動産

遺産は家で残せ

「家」はそもそも相続税対策として有利

「家」というのは、相続税対策アイテムとして大きな効果を持っている。

家などの「不動産」には特例制度がたくさんある。その特例制度をうまく使えば、相続税をかなり抑えることができるのだ。そのため、普通の人や小金持ちは、相続税のキホン知識として、家や不動産の課税関係を知っておいていただきたい。

そもそも「家」は、不動産の特例制度を使わなくても節税対策として有利なものである。というのも、相続税の対象となる資産は原則として「時価」だからだ。

遺産を現金や預金などの金融資産で残すと、額面そのままが相続税の対象となるが、遺産を家などの「不動産」で残した場合、相続税の対象としては大きく割引される。

家などの不動産の評価額は、ある基準が設けられている。土地の部分は「路線価」を基準に、建物部分は「固定資産税評価額」を基準にして財産評価が行われる。路線価にしろ固定資産税にしろ、たいていの場合、市場価額よりも若干低めに設定されている。

そして建物の場合は**建ててから年数を経るごとに価値は下がっていく**。10年経てば半額以下になることも珍しくない。

たとえば、ある人が1億円で家を購入したとする。この家の内訳は、土地3000万円、建物7000万円である。購入してから20年後に持ち主が死亡し、遺族が相続することになった。土地の値段は路線価を基準にすれば1800万円で、建物の固定資産税評価額は2000万円となり、相続税の対象となる遺産としての評価額は3800万円となっていた。

つまり1億円の資産が3800万円にまで圧縮されたのだ（図37）。このように、預金などで遺産を1億円を残すより、**「家」で残したほうが遺産としての評価額は減少する**。もちろんその分相続税も減少するのだから、よっぽど有意義ではないだろうか。

財産は現金で残すのではなく不動産で残す

図37 不動産だと、財産の評価額がグンと減る！

遺産は現金や金融資産で残すのが相続税の上ではもっとも不利で、持ち家で残すのがもっとも有利

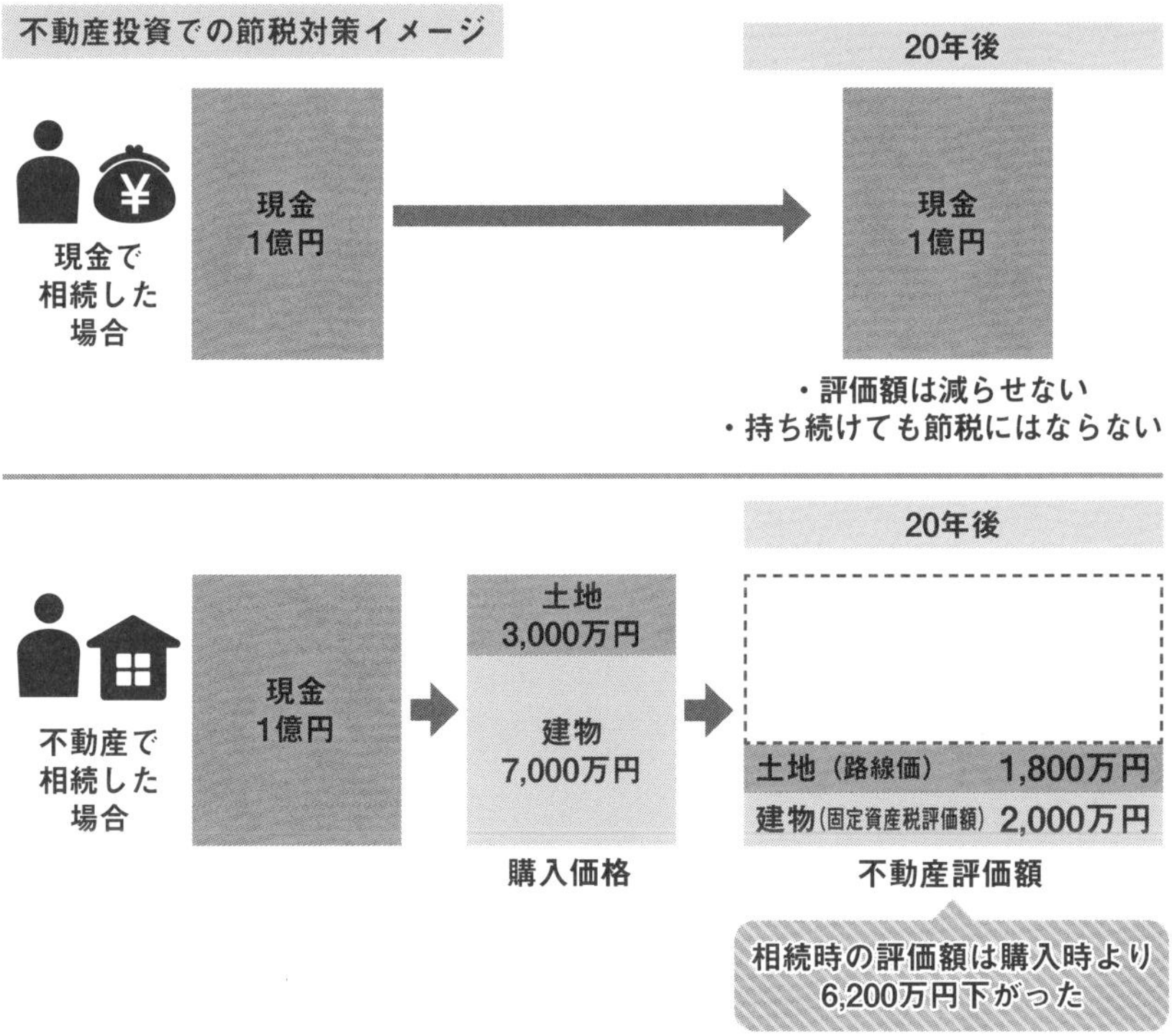

令和3年度税制の改正大綱 2021年度限定で、すべての土地の固定資産税を据え置き

通常、土地にかかる「固定資産税」は3年ごとに評価額の見直しが行われ、税額が決まる。2021年度はその3年に1度の評価替えの年で、コロナ禍前の2020年1月時点の地価公示に基づいて、その後3年間の課税額が決まることになっていた。近年は全国的に地価が上昇していたため、多くの地点で固定資産税が増加する見込みだった。

しかし、新型コロナウイルス感染症拡大の影響を鑑みて、**2021年度の1年に限り、固定資産税の税額が2020年度の税額のまま据え置かれる**ことになった。これは、住宅地や商業地や工業地、農地など、すべての土地が対象となる。

固定資産税の税額が増加する土地については前年度の税額に据え置き、税額が減少する土地については減少した税額となる。

土地を相続したら使うべき特例

小規模宅地等の特例を活用する

被相続人の自宅、あるいは店舗や事務所など事業用に使っていた宅地は、残された事業継承者の生活の基盤となる財産である。そこに相続時に高い評価額がつくと、その分相続税の負担も大きくなり、場合によっては土地を手放さざるを得ない状況にも陥《おちい》る可能性がある。

そこで相続した土地のうち、**一定の面積までを80％減または50％減に評価できる「小規模宅地等の特例」という制度**がある。これを使わない手はない。

特例の対象となる宅地は、大きく分けて3種類ある（図38）。

①居住用宅地
②事業用宅地
③貸付事業用宅地

「居住用宅地」の場合は、被相続人（死亡した人）と〝同居〟している親族がいる場合（同居している親族というのはもちろん配偶者も含まれる）、その**家の330㎡（約100坪）以内の土地の資産評価額が80％減**となる。

だから「同居していた長男が、その家を相続した」場合、宅地が330㎡以下ならば、その土地の評価額は80％減となるのである。

このように一定の要件を満たせば、「小規模宅地等の特例」という相続税優遇制度を使うことによって、相続税をかなり抑えることができる。ゼロに近い額にできる人も多くいるはずだ。

ちなみに関係のない人が多いかもしれないが、「事業用宅地」を相続した場合は**400㎡以内だと80％減**の対象となる（104ページ）。また、「貸付事業用の宅地」を相続した場合は**200㎡以内であれば50％減**で評価される（74ページ）。それぞれの要件をみて「小規模宅地等の特例」を利用すれば大きな減税となる。

金持ちはこの「小規模宅地等の特例」を使って相続税を逃れている。この手法は「普通の人」や「小金持ち」にも使えるので、ぜひ知っていただきたい。

図38 種類ごとの限度面積と相続する人の主な条件

	被相続人が居住していた宅地	被相続人が営んでいた事業用宅地等	
		貸付事業以外の、被相続人が営んでいた事業用の宅地等	被相続人が所有する貸付事業用の宅地等
相続する**土地の種類**	 **居住**用 特定居住用宅地等	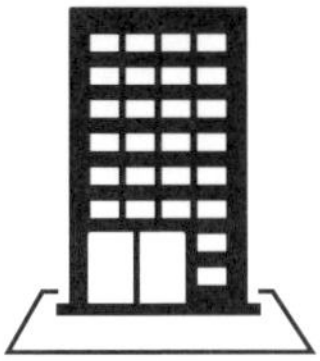 **事業**用 ・特定事業用宅地等 ・特定同族会社事業用宅地等	 **貸付**用 貸付事業用宅地等 （駐車場や賃貸マンションなど）
減額される限度面積	330㎡まで	400㎡まで	200㎡まで
減額割合	80％減	80％減	50％減
相続する条件	①配偶者 ②同居親族 ▶居住継続（申告期限まで） ▶所有継続（申告期限まで） ③家なき子（72ページ） ▶①と②がいない ▶3年以内持ち家なし ▶相続する家屋を過去に所有していない など	●相続人は事業を引き継ぐ親族 ●相続人が事業を承継・継続（申告期限まで） ●所有継続（申告期限まで） ●相続開始前3年以内に、事業の用に供された一定の宅地は特例の対象外	●相続人は貸付事業を引き継ぐ親族 ●相続人が貸付事業を承継・継続（申告期限まで） ●所有継続（申告期限まで） ●相続開始前3年以内に、貸付事業の用に供された宅地は特例の対象外

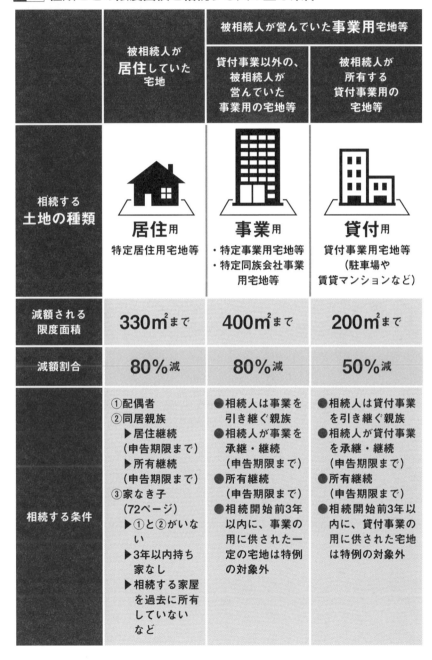

自宅の相続税が8割引きに？

300㎡以下の宅地は土地評価額が大幅に下がる

居住用の「小規模宅地等の特例」を利用したいと考えている普通の人や小金持ちの人に、まず念頭に置いていただきたいのは、なるべく**「地価が高い土地」つまりは都市部近くに家やマンションを持つ**ということである。

居住用の小規模宅地等の特例は基本的に、被相続人と〝同居〟している親族がいて、その家が330㎡以内の土地だった場合に適用される制度である。適用されたら、資産評価額が8割引きされる。この「土地の330㎡」という縛りは、土地の価格には関係しない。そのため、都心部の地価が高い所でも地方の地価が非常に安い所でも、330㎡以内ならば土地の評価額は同じ8割減となる。となれば、地方で広大な土地に住むより**都心部の土地の高額な場所で家やマンションを持っていたほうが、相続税対策では有利で大幅減額**となる。

都心部と地方の例を比較してみよう。それぞれ家を持っていて、配偶者や子供が同居していたとする。都心部は330㎡以内で1億円の価値、もう一方の地方は1000㎡で5000万円の価値だったとしよう（土地代のみ）。すると、都心部の土地は8割（8000万円）減で評価額2000万円となり、地方の広い土地はほとんど評価減がなく5000万円近くの評価額となる。

二世帯住宅を使いこなそう

しかし、この「小規模宅地の特例」を使うためには、〝同居〟という条件がある。が、平成27年の改正により、**完全分離型の二世帯住宅も対象**とされることになった。玄関が別々で、両家の間が行き来できなくてもよくなったのだ（同じ敷地内でも別々の家は対象外）。

また、介護が必要なために**親が老人ホームに入居して死亡した場合**は、その家に住んでいなかったとしても適用されることとなった（図39）。だから親がお金を持っている場合は、土地の高額な地域に完全分離型の二世帯住宅を買ってもらい、住むことが、もっとも効果的な節税術だといえる。

相続税の大幅な減額が可能！　小規模宅地等の特例とは？

図39 居住用の小規模宅地等の特例　適用される要件

自宅の土地
敷地面積
330㎡まで
相続税評価額

80% 減額

相続税評価額

330㎡の土地は、土地価格や場所に関係なく全都道府県共通のため
都心部に家やマンションを持っていたほうが、**相続税負担が大幅減！**

居住用の「小規模宅地等の特例」が適用できる相続人

①配偶者

②同居親族

③持ち家がない別居親族（家なき子）

＊①②がいない場合

被相続人と同居している（独立型二世帯住宅でも適用）

外部でしか行き来できない独立型二世帯住宅でも特例の適用可

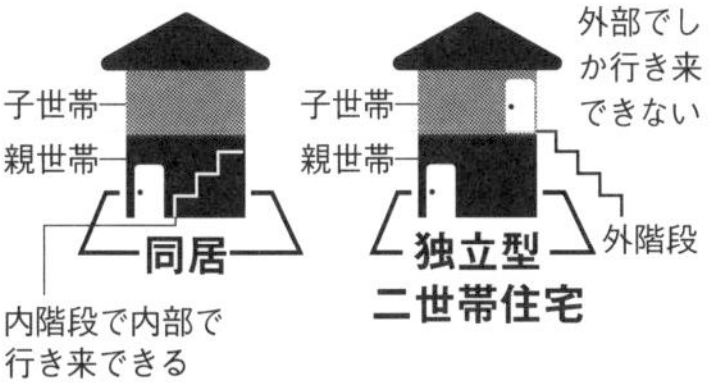

被相続人と同居していて、その後もその家に住み続ける場合、特例が適用可

▶居住継続（申告期限まで）

▶所有継続（申告期限まで）

被相続人が老人ホームに入居している

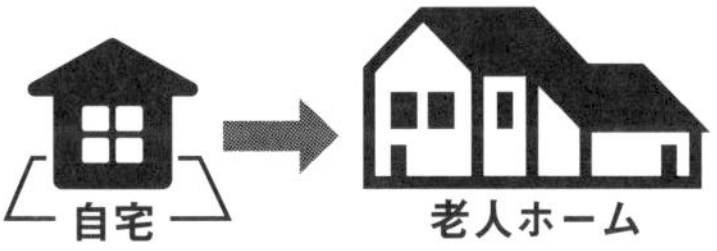

●老人ホーム入居前に被相続人と同居している

●亡くなる前に要介護・要支援認定を受けている

●老人福祉法等の要件を満たした福祉施設に入居している

節税ポイント

不動産

節税のためにタワーマンションを買う理由

高級マンションは固定資産税も安い

「金持ちが節税のためにタワーマンションを買う」という話を聞いたことがある人もいるだろう。それは、**小規模宅地等の特例だけではなく、固定資産税の割引特例も使える**可能性が高いからである（図40）。

タワーマンション節税は小金持ちより中金持ち向きだが、参考になると考えて、ここで紹介しておく。

まずマンションであれば、どんなに広くても、区分所有による土地面積が330㎡を超えることはなかなかない。だから、小規模宅地等の特例が使えるため、都心部で地価の高い場所のマンションに住んでいる人が亡くなった場合、同居していた家族は相続税負担のうえで非常に有利になる。

さらにマンションだと、同居の有無にかかわらず、大幅な割引特例が使える可能性がある。それは、**狭い住宅地（200㎡以下）には、固定資産税の大幅な割引がある**からだ。固定資産税というのは、不動産などを所有している人に対して毎年かかってくる税金である。これが高いか低いかは、不動産の維持費に関係する。本来固定資産税というのは、市町村が不動産鑑定士の評価をもとに決定された土地や建物の価格（固定資産税評価額）に対して1・4%かかることになっている。

しかし**住宅用の狭い土地（200㎡以下）に関しては、固定資産税は6分の1でいいという規定がある**。高級マンションのほとんどは200㎡以下のため、この割引制度を受けられる。

また、固定資産税割引制度の条件は土地の広さだけである。そのため、たとえば郊外に500㎡の土地に家を建てたとする。土地の価格は2000万円である。この土地は200㎡を超えているので固定資産税はほぼそのまま払わなければならない。

一方、都心の一等地のマンションを3億円で買った人がいたとする。土地の相当額は2億円である。が、このマンションの部屋は、土地の持ち分は200㎡を下回っていたので、固定資産税は通常の6分の1となるのだ。

200㎡以下の土地は、固定資産税評価額が6分の1になる！

図40 不動産を買うならタワーマンションのほうが得！

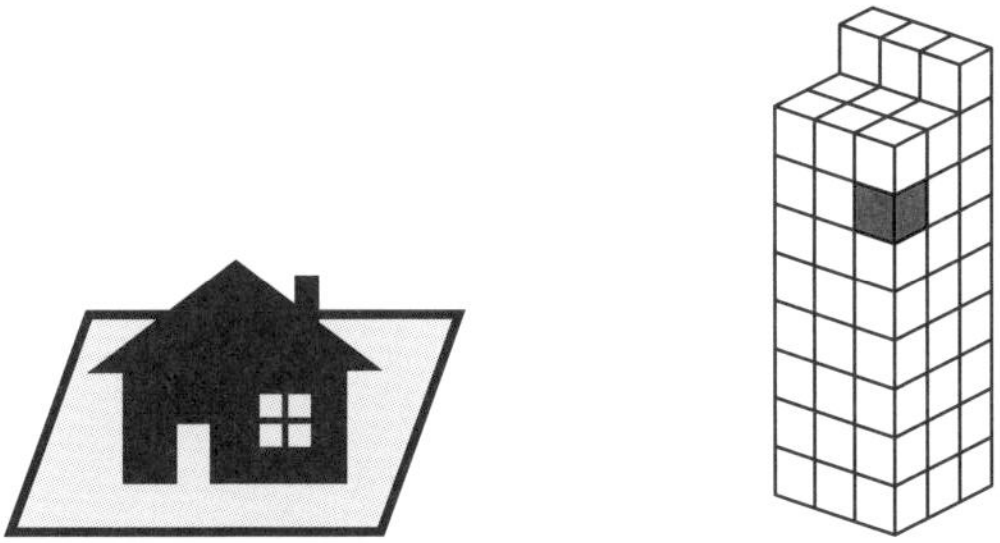

戸建	タワーマンション
相続する土地の面積が大きい	相続する土地の面積が小さい

タワーマンションは敷地に対する所有面積が小さい分、「小規模宅地等の特例」や「住宅用地の特例（固定資産税）」が使いやすく、**節税効果あり！**

住宅用地の特例措置　固定資産税

要件	固定資産税
空き地（更地）	そのまま課税 （固定資産税評価額×1.4%）
小規模住宅用地 **200㎡以下**の部分	固定資産税が**6分の1**に減 （固定資産税評価額×$\frac{1}{6}$×1.4%）
一般住宅用地 **200㎡を超える**部分	固定資産税が**3分の1**に減 （固定資産税評価額×$\frac{1}{3}$×1.4%）

マンションだと200㎡以下が多いため**適用されやすい！**

※「住宅用地の特例」は固定資産税と都市計画税に対して適用されるが、ここでは固定資産税の特例措置についてのみ紹介。

※固定資産税評価額：市町村が不動産鑑定士の評価をもとに決定する、土地や建物の価格

節税ポイント 不動産

タワーマンション節税は、もう使えない？

タワーマンション節税の落とし穴

「タワーマンション節税」として呼び名が高い理由の1つは、**同じマンションであれば、どこの階層の部屋であっても、相続税の基準価格は同じ**ということにあった（図41）。

相続税の対象となる土地は「路線価」、建物は「固定資産税評価額」を基準に評価額が決まる。しかしこの固定資産税の評価額は1つのマンションでは1つの価格しかつかず、高層階と低層階のマンションは同じ税金（固定資産税、相続税）ということになる。

しかし、ご存じのように高層階のマンションと低層階のマンションでは価格が全然違う。高層階は価格が倍になることもある。にもかかわらず広さが同じであれば相続税評価額は同じになるのだ。だから、金持ちによるタワーマンションの高層階の購入が絶えない。

ところが、この**タワーマンション節税には、落とし穴があった**。相続税の不動産評価額を路線価や固定資産税で決めるのは便宜上であって、相続税の財産評価は、原則的には「時価」である。そのため、固定資産税評価額を基準にして相続税の申告をしても、税務署から時価で換算されて修正される恐れがあるのだ。

2018年度から固定資産税の評価額が改正

また、2018年度の固定資産税評価額改正により、**20階以上のマンションの高層階に対しては、階を上がるごとに高くなるように設定され、1階と最上階の差は、最大で十数%**になった（図42）。が、この改正は意味をなさなかったかもしれない。というのは、高層階と低層階の実際の価格の違いはわずか十数%では済まず、2倍以上の価格差が生じる場合もある。またこの新しい課税は2017年4月以前に販売されたものには適用されないため、タワーマンションは節税策としてまだ十分にメリットがあるのである。ただ、国税庁からすれば、いつでもタワーマンションの高層階の評価額を「時価」に切り替えることもできることは、忘れないでいただきたい。

タワーマンションは高層階になればなるほど節税効果が大きくなる!?

図41 高層階は相続税評価額の減額割合が高いので、資産圧縮効果が大きい

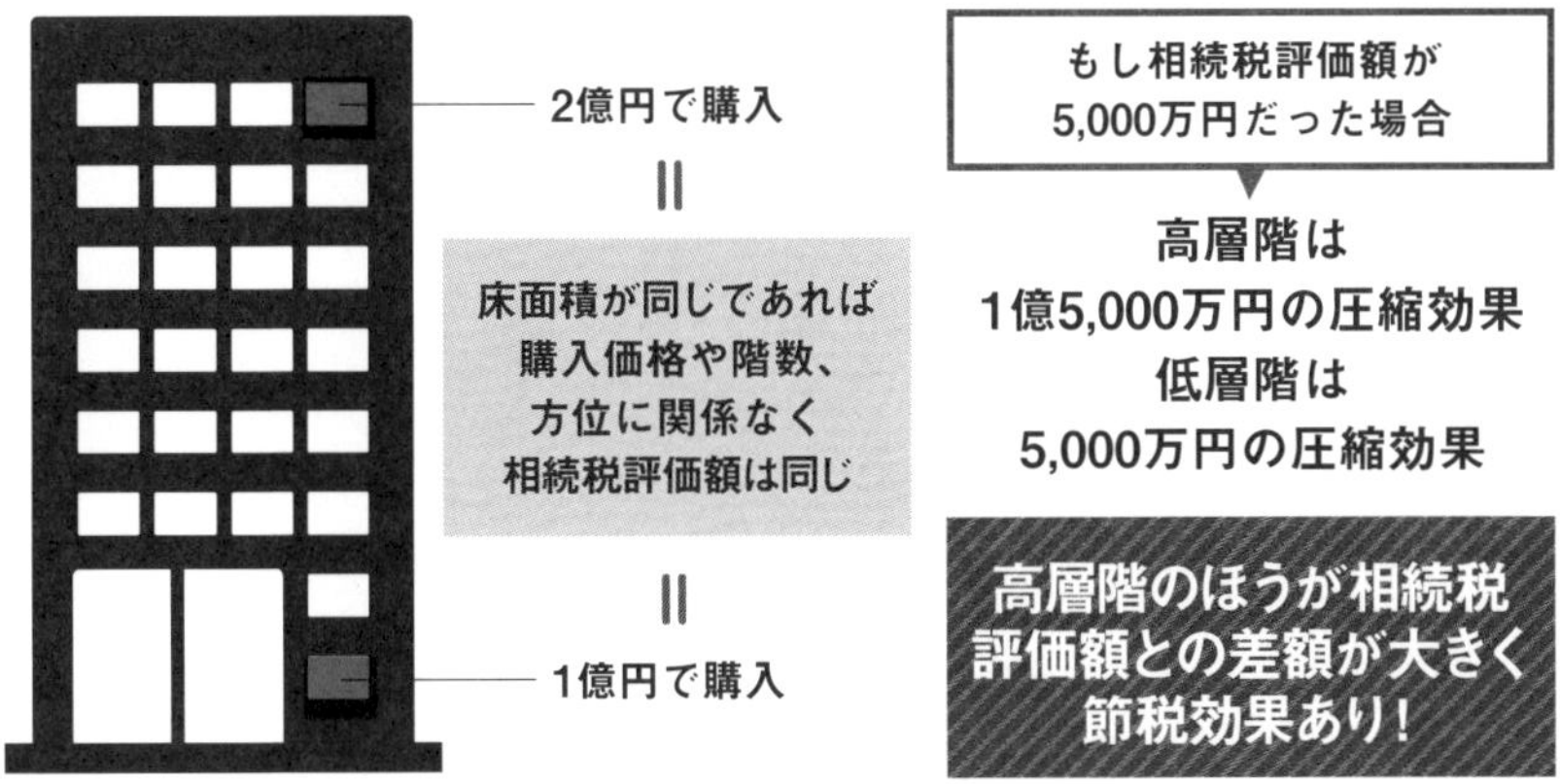
2億円で購入
＝
床面積が同じであれば
購入価格や階数、
方位に関係なく
相続税評価額は同じ
＝
1億円で購入
もし相続税評価額が
5,000万円だった場合
高層階は
1億5,000万円の圧縮効果
低層階は
5,000万円の圧縮効果
高層階のほうが相続税
評価額との差額が大きく
節税効果あり!

図42 改正により見直されたタワーマンションの固定資産税

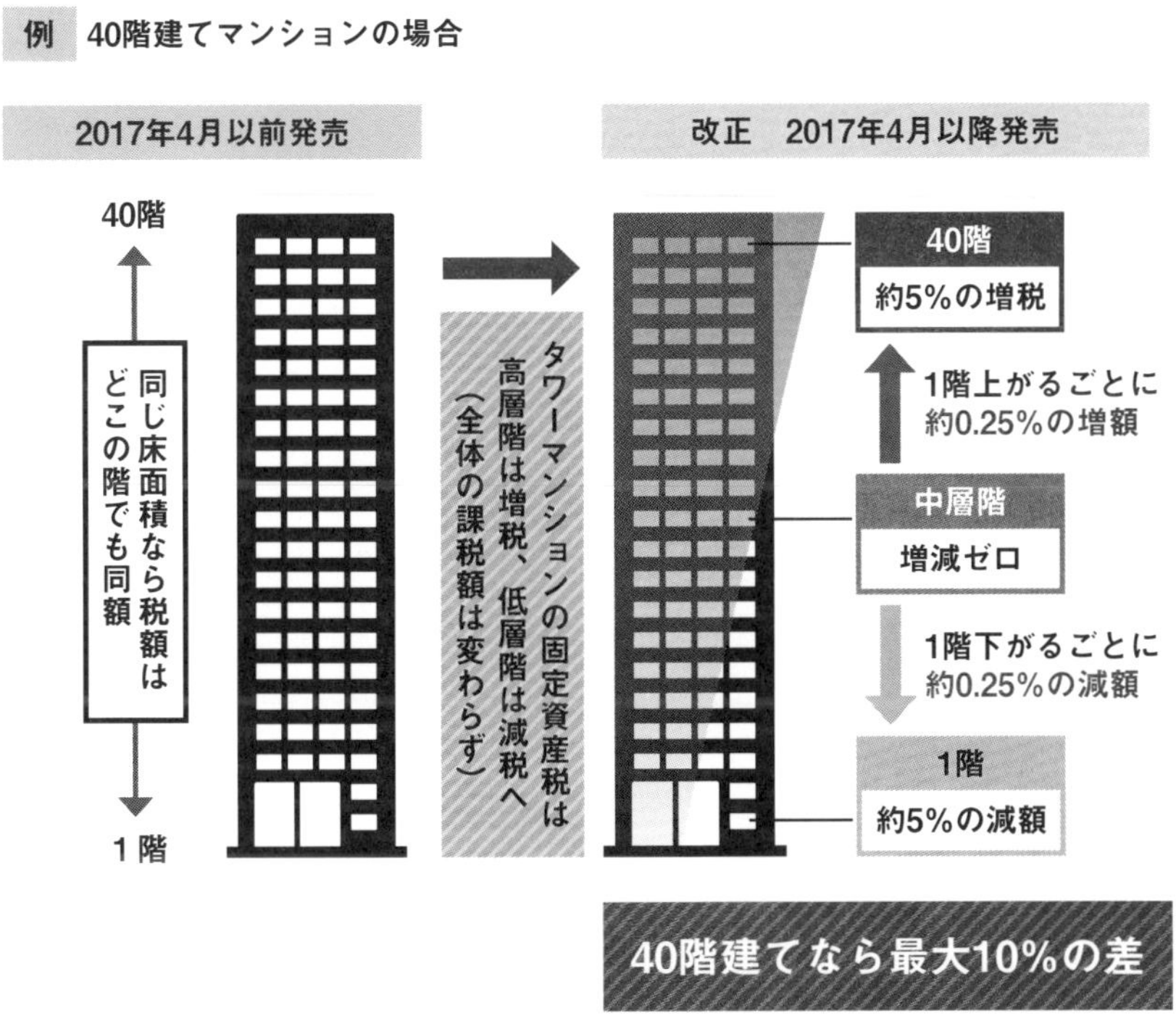
例 40階建てマンションの場合
2017年4月以前発売
改正 2017年4月以降発売
40階
同じ床面積なら税額は
どこの階でも同額
1階
タワーマンションの固定資産税は
高層階は増税、低層階は減税へ
(全体の課税額は変わらず)
40階
約5%の増税
1階上がるごとに
約0.25%の増額
中層階
増減ゼロ
1階下がるごとに
約0.25%の減額
1階
約5%の減額
40階建てなら最大10%の差

節税ポイント 不動産

親と別居していても「小規模宅地等の特例」の対象に？

持ち家のない人が特例を受けられる

前述した小規模宅地の特例には1つ難点がある。前提条件として**「同居していたこと」、「引き続きその家に住み続けること」**があることだ。

でも実は、この制度にも抜け穴のようなものがある。必ずしも同居していなくても、優遇制度を受けられるケース、通称「家なき子制度」があるのだ（図43）。

- **被相続人（死亡した人）と同居していた法定相続人（配偶者、子供など）がいない**
- **3年以上、賃貸住宅に住んでいる**

これらの条件にあてはまる場合、つまり持ち家がなく賃貸住宅に長年住んでいる親族、いわゆる「家なき子」が被相続人の家を引き継いだ場合は、小規模宅地等の特例の適用を受けられるのだ。

たとえば、母がすでに死亡し、一人暮らしをしていた父の自宅を、マイホームを持っていない子供が相続した場合などが対象となる。

しかし、この**家なき子制度は、平成30年度に大きく改正された。**

その改正により、「家なき子特例」の対象者から、①相続開始前3年以内に3親等内の親族や、特別の関係のある法人が所有する家屋に居住したことがある者、②相続開始時において居住用に供していた家屋を過去に所有していたことがある者が除外された。

つまり、自分は家を持っていないけれど、配偶者所有の家に住んでいる人などは、対象外ということである。

この改正は、自分の持ち家を配偶者の名義にして自分は家を持っていないということにして、家なき子制度を受けようという者などが出てきたから行われたものである。そもそも家なき子制度というのは、持ち家のない人が1人暮らしの親の家などを相続しやすくするための制度である。その趣旨を厳正に守るための改正だといえる。

被相続人となり得る人と同居していない場合でも、これらの条件にあてはまれば、小規模宅地等の特例を適用できる。

小規模宅地等の特例「家なき子制度」とは？

図43 平成30年の相続税改正で「小規模宅地等の特例」適用基準の厳格化

家なき子制度とは？

「家なき子制度」は持ち家がないことを条件に、亡くなった人と同居していなくても小規模宅地等の特例（相続した330㎡までの宅地を80％減額）を使えるようにするというもの。

特例を使うためには、要件すべてに当てはまっていなければならない。

同居していなくても「小規模宅地の特例」が適用できる要件

要件	被相続人に**配偶者がいない**
	被相続人に**同居の相続人がいない**
	相続した土地を相続税の**申告期限（10ヵ月）まで所有**
	相続開始前３年以内に、下記①の者の持ち家に住んでいない **①自己または自己の配偶者**
平成30年 追加要件	相続開始前３年以内に、①だけでなく、②③の者の所有する持ち家に住んでいない **②3親等内の親族**（祖父母、父母、子、孫、兄弟姉妹、曾祖父母、曾孫、叔父・叔母、甥・姪） **③特別の関係がある法人**
	相続開始時に住んでいた**家を過去に所有していたことがない**

親がいい家に住んでいる場合、子供は別居していても親の家を引き継ぐことを念頭に置いておきたい。また、地方にある親の家などは、引き継げないことも多いので、その場合も早めに相続放棄の手続きを取りたい。

節税ポイント 不動産

庶民は「アパート経営節税」をしてはダメ

何千万円もの資産を減らしてしまう危険性がある

「相続税対策のためにアパートやマンションを購入しましょう」という不動産会社の広告を目にすることはないだろうか。

が、大金持ちならばいざ知らず、相続税がかかるかもしれないくらいのラインにいる「小金持ち」たちは、アパート、マンション経営は有効な節税策とはいえない。

アパート、マンション経営が節税になる最大の理由は、**200㎡以下の賃貸不動産用の土地を持っていた場合は、相続税の評価額が50%**でいいという、貸付事業用宅地の「小規模宅地の特例」があるからである。

だから1億円の現金を持っているよりは、1億円の土地を買って、そこにアパートを建てれば、相続税評価額は半分以下になる。しかもアパートを購入するときに銀行から借り入れをすれば、その借金は相続税評価額から減額されるので、さらに相続税を安くすることができるのだ。

だが、これには大きな落とし穴がある。アパート経営の土地で相続税の減額対象となるのは200㎡以内である。ということは、それほど大々的なアパート経営をすることはできない。高額な土地であっても1億円くらいだろう。減額できる相続税資産は5000万円にすぎないのだ。ということは、**相続税の税率は高くても20%のため、ちょっとした小金持ちの場合は節税できる相続税額は1000万円程度なのだ。**

それなのに、土地を購入して、銀行からお金を借りてアパートを建てると、節税できるであろう相続税額よりも費用がかかる可能性は高い。しかも今の時代、なかなかアパート経営で儲けることはできない。下手をすると節税できる相続税額の何倍もの資産を減らしてしまう危険があるのだ（図44）。

もともと駅前の一等地などの土地などの、広くて高額の土地を持っている地主であれば、アパート経営は非常に有効だ。しかしちょっとした小金持ちだと、なけなしの資産を失うことになりかねないのである。

アパートや駐車場も小規模宅地特例で50%引き？

図44 アパート経営のメリットとデメリット

貸付事業用宅地等

アパートや
マンションなどの
不動産貸付事業用宅地

貸付用の敷地
200㎡まで
相続税評価額

50% 減額

相続税評価額

貸付事業用の小規模宅地等の特例では、200㎡までなら宅地の評価額が50%減額になる。しかし経営難で、節税できる相続税額の何倍もの資産を減らしてしまうリスクがある。

空き室リスク

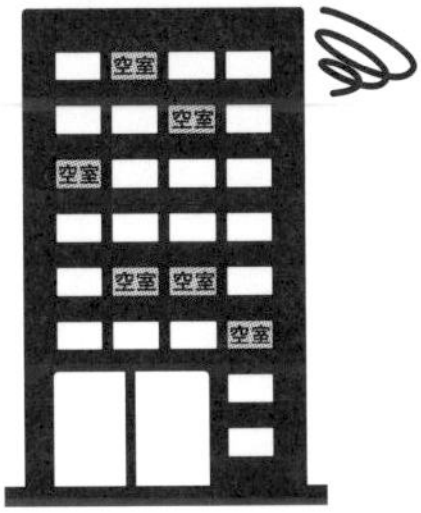

空き室は家賃下落を引き起こし、長期化すると維持費等に悪影響

管理維持費

日々の管理やメンテナンスに手間やコストがかかる

その他

災害、滞納、金利上昇、周辺地域の変化などの影響を受ける

節税額以上の損失をするのは本末転倒
アパート経営にはそのリスクがある

基礎控除額の引き下げは意味がなかった

平成27年に、相続税の課税水準が引き下げられた。

相続税の基礎控除額が、４割減ったのである。

平成26年以前の基礎控除額の計算式は

【5,000万円＋法定相続人の数×1,000万円】だった。

それが改正によって、現在の基礎控除額の計算式は

【3,000万円＋法定相続人の数×600万円】になった。

最低でも6,000万円以上の遺産がないと相続税はかかってこなかったものが、3,600万円以上の遺産があれば相続税がかかる可能性が高まったのだ。

この基礎控除額の大幅な引き下げにより、課税対象は倍増した。

改正前は死亡者の４％程度しか相続税の対象とはなっていなかったが、平成27年からは８％程度が相続税の対象になった。

この課税水準の引き下げを行った理由は、当然のことながら、税収を上げるためだった。昨今の日本では貧富の差が深刻化し、それを埋めるために相続税を引き上げる必要があると判断され、課税水準の引き下げを行ったのだ。

しかし、肝心の税収は、ほとんど増えていないのが現状だ。

改正前と比べて納税者は倍増しているのに、税収は２割程度しか増えていないのだ。

よくよく検討すれば当然のことだ。「課税水準の引き下げ」ということは、「これまで相続税がかからなかった中間層」にも相続税を課すということだ。当然のことながら、中間層はそれほど多くの資産を持っているわけではなく、納税者の数は増えても、納税額はそれほど増えない。相続税の問題は、そこではないのだ。多額の相続税納税をする義務のある大富豪たちが、さまざまな相続法の抜け穴を駆使して、きちんと払っていない状況をどうにかしない限りは、貧富の差は開くばかりである。

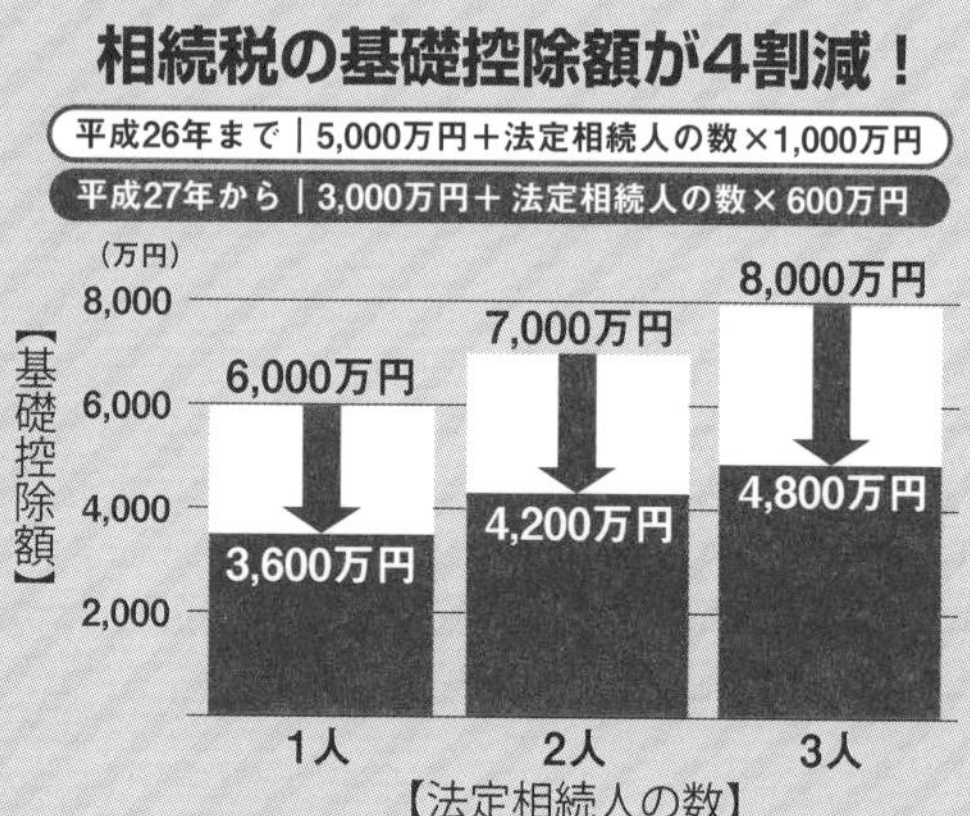

第3章

庶民は知らない大富豪の節税術

「タックスヘイブン」を使った〝節税術〟

海外居住で相続税を免れる

この章からは大金持ちたちがどのようなあくどい手法で相続税を逃れているのかをお伝えしていく。実態をつまびらかにすることで、庶民の相続税対策のヒントとして役立ててもらいたい。

資産家たちの相続税の逃税方法として、昨今世界的にも問題になっているのはタックスヘイブン（租税回避地）を利用した節税である。

タックスヘイブンというのは、税金が極端に安い（もしくは無税の）国や地域のことである。英領ケイマン諸島やパナマ、香港、シンガポールなどが該当する。

このタックスヘイブンに子会社を作り、利益を蓄積することで、当局による徴税を免れることができるのである。

では具体的にどういう税制になっているのか、シンガポールを例に説明しよう。まずこの国は、キャピタルゲイン（株式や債券など、保有している資産の売却によって得られる売却益）には課税されない。つまり株式や不動産投資でいくら儲けても、税金は一切かからない。そのうえ**所得税は最高でも20%、法人税は18%と、税率が日本に比べて非常に低い。そして贈与税や相続税もない。**

しかも税金が安いだけじゃなく、金融資産の秘匿を守るなど、富裕層にとっては非常に魅力的なサービスをしてくれ、逃税の手助けをしてくれるのである（図45）。

つまり、大金持ちがシンガポールに移住して投資などで稼いで、そのお金をシンガポール在住の子供に贈与すれば、税金はまったくかからないことになるのだ。

世界中から大金持ちがこの国に集まってくるのも無理のない話といえるだろう。またシンガポールに対抗して、香港でも似た制度を敷いている。

もちろん、海外に移住したり資産を移すとなると、それなりのリスクも生じる。リスクを冒してでも税金を減らしたいと思えるほど、配当などで莫大な利益を得ている人や大きな相続税がかかる人が、タックスヘイブンに住んでいるのだ。

国境を越えた税逃れ「タックスヘイブン」

図45 タックスヘイブンを使った課税逃れのイメージ

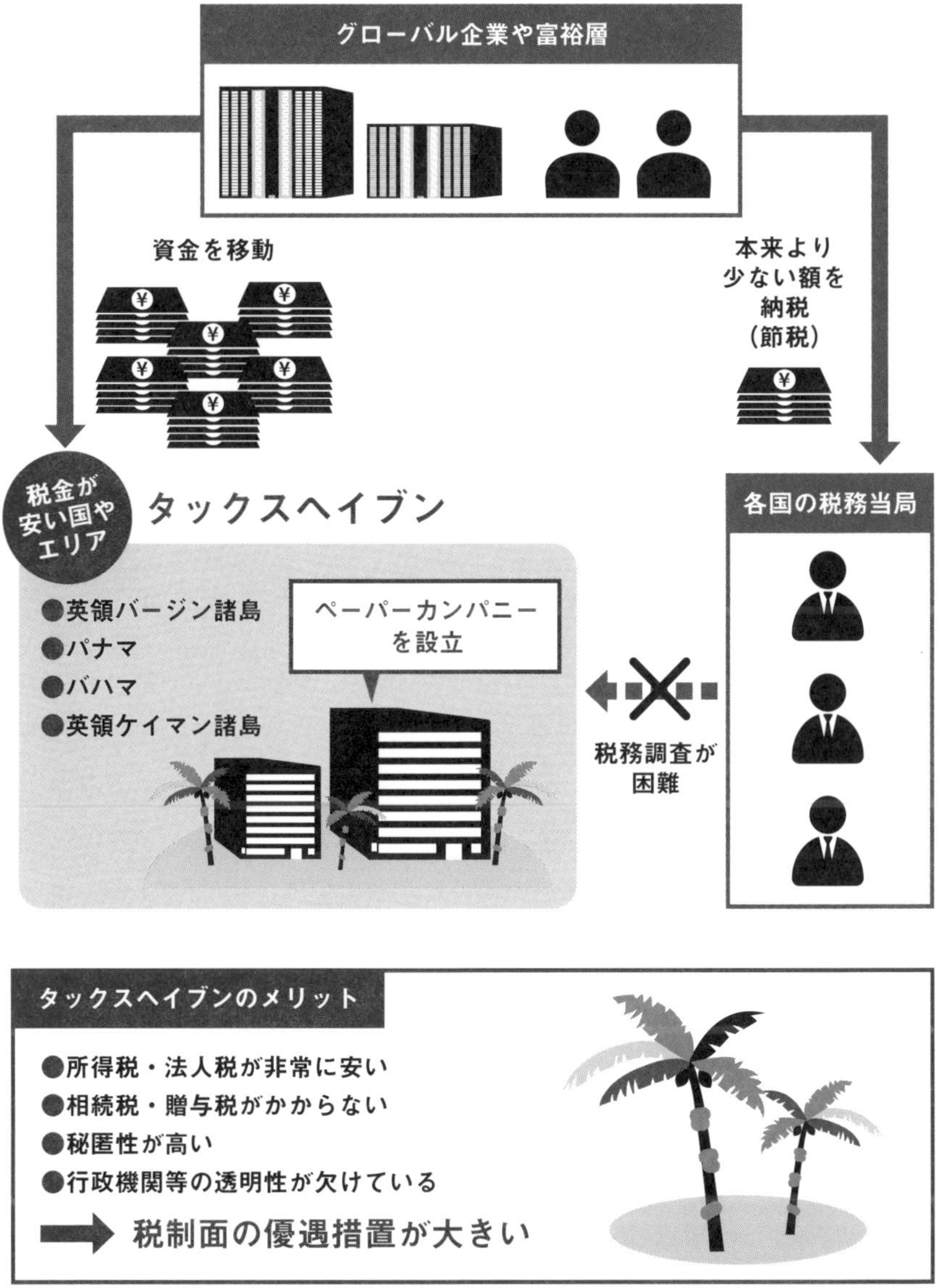

タックスヘイブンのメリット
●所得税・法人税が非常に安い
●相続税・贈与税がかからない
●秘匿性が高い
●行政機関等の透明性が欠けている
税制面の優遇措置が大きい

大富豪たちは、タックスヘイブン(租税回避地)にペーパーカンパニーをつくりそこへお金を移すことにより、日本での納税を免れている！

悪用禁止の逃税術

10年以上タックスヘイブンに住めば相続税を逃れられる？

資産も贈与を受け取る人も「海外」にする

タックスヘイブンを使った相続税の逃税術には、さまざまなバリエーションがある。もっともダイナミックな方法としては、資産をタックスヘイブンに移し、相続人を海外に移住させ、その資産を贈与させるという方法である。こうすることで、贈与税が課されずに、生前に自分の資産を相続人に贈与することができるのだ。

現在の日本の税法では、年間110万円以上の金品を贈与した場合は贈与税がかかり、3000万円を超える贈与をした場合は55％の税金が課される（49ページ図26）。

この贈与税はもちろん原則として日本人ならばだれにでも課されるものだが、実は海外居住者には特別な抜け穴がある。

現行の法律では**「海外に10年以上居住し、日本国内に10年以上住所がない人が、海外の資産を贈与された場合は、贈与税がかからない」**ことになっている。だから上場企業の創業者などが、自分の持ち株を海外のタックスヘイブンの会社に移し、自分も移住して、その海外の会社の株を10年以上海外に居住している子供などに贈与すれば、贈与税はかからないことになる。

図46の「国内財産のみに課税」となる制限納税義務者に該当すると、この税逃れの裏ワザが使える。

このスキームには2つのポイントがある。

1つは、タックスヘイブンにつくった会社に、自分の会社（日本）の株を保有させ、自分は「タックスヘイブンの会社の株」を保有することである。これで、タックスヘイブンの会社が保有している日本の会社の株は、海外資産ということになるのだ。

もう1つのポイントは、資産を譲ろうとしている親族（子供）などを10年以上海外に居住させるということである。

つまり、「資産を譲る相手」も「譲ろうとしている資産」も、形のうえでは海外ということにして、「海外の資産を海外居住の人に譲渡する」とすることで、日本の贈与税と相続税を逃れるのである。

被相続人・相続人も10年以上海外居住したら納税を回避できる!?

図46 相続税・贈与税の納税義務の範囲

<table>
<tr><td colspan="3" rowspan="2">被相続人
贈与者
相続人
受贈者</td><td rowspan="2">国内に居住</td><td colspan="2">国外に居住
（非居住者）</td></tr>
<tr><td>10年以内に
国内に住所あり</td><td>10年を超えて
国内に住所なし</td></tr>
<tr><td colspan="3">国内に居住</td><td rowspan="3" colspan="3">国内財産
国外財産ともに課税</td></tr>
<tr><td rowspan="3">国外に居住（非居住者）</td><td rowspan="2">日本国籍あり</td><td>10年以内に国内に住所あり</td></tr>
<tr><td>10年を超えて国内に住所なし</td></tr>
<tr><td>日本国籍なし</td><td>【平成25年改正】
国内財産
国外財産
ともに課税</td><td>【平成29年改正】
国内財産
国外財産
ともに課税</td><td>国内財産のみ
に課税</td></tr>
</table>

■：国内財産・国外財産ともに課税　■：国内財産のみに課税

「納税義務者の範囲」は、逃税を防ぐために何度も改正されている。

近年の改正で、国内に住所を有したことのない年数が5年から10年に延ばされた。

また、相続開始前10年（改正前５年）以内に国内に住所を有したことがある国外居住者の財産を、国外居住・外国籍の相続人が相続した場合は、国外財産も相続税の課税対象となった（改正前は国内財産のみ）。

被相続人と相続人の両方が海外に10年超居住していれば**「国外財産」は相続税と贈与税の対象外になる！**

大金持ちたちは莫大《ばくだい》な資産を〝合法的に〟親族に譲渡

実はかなり緩い「海外居住」のルール

「いくら納税を回避できるからといっても、10年以上も海外生活をするのは容易ではない」と思われた方もいるだろう。だが、実は「海外居住」のハードルは低い。

日本の国内に住所地がない「非居住者」は、1年のうち約半分以上を海外で生活している人のことだ、という認識がある人もいるだろう。が、実は厳密な線引きはない。国税庁のウェブサイトに日本での「非居住者」となる条件が書かれている（図47）。

端的にいうと**「国内に住所がある人、1年以上日本に住んでいる人」が居住者となり、それ以外の人は非居住者**となっている。そして複数の国に居住しているなど居住者かどうか微妙な場合は、「生活の中心がどこか」で判断するのである。だから海外に移住するといっても、ちょっと留学という感じで行くこともでき、海外展開している会社経営者の息子であれば、海外駐在員のような形をとることもできる（図48）。

それに10年ほど海外に居住するといってもがっつりと海外に住まずに、その間日本にしょっちゅう帰ってきてもいいわけだ。一般的な視点から見れば「いかさま」だが、実際にこの方法をとっている金持ちは多くいるとみられている。こうして**大金持ちたちは莫大な資産を〝合法的に〟親族に譲渡している**。

実際に、武富士一族は本来1300億円近くを払わなければいけない贈与税を無税で乗り切り、セコム一族も500億円近い相続税を3分の1以下に抑えたという話がある。日本の国税当局も彼らに課税をしたかったが、できなかった。タックスヘイブンを間にはさんでいるため、タックスヘイブン地域の政府との関係が影響してきて、日本の事情だけで課税や免税を決めることができないのである。しかもタックスヘイブンは小国が多いが、そのバックには大国が控えているケースが多い。だから、タックスヘイブンが世界中の大企業や富裕層の税金逃れのスキームになっていても、各国の政府は根本的な解決策を見い出せないのである。

「海外居住」のハードルは、実はかなりゆるい!?

図47 国税庁が示す、居住者・非居住者の区分（複数の滞在地がある人の場合）

令和2年4月1日現在法令等

① 国内法による取扱い

わが国の所得税法では、「居住者」とは、国内に「住所」を有し、又は、現在まで引き続き1年以上「居所」を有する個人をいい、「居住者」以外の個人を「非居住者」と規定しています。
「住所」は、「個人の生活の本拠」をいい、「生活の本拠」かどうかは「客観的事実によって判定する」ことになります。

したがって、「住所」は、その人の生活の中心がどこかで判定されます。

なお、一定の場合には、その人の住所がどこにあるかを判定するため、職業などを基に「住所の推定」を行うことになります。
「居所」は、「その人の生活の本拠ではないが、その人が現実に居住している場所」とされています。

法人については、本店又は主たる事務所の所在地により内国法人又は外国法人の判定が行われますが、その判定に当たっては、登記や定款等の定めなどによることになります（これを一般に「本店所在地主義」といいます）。

② 租税条約による取扱い

租税条約では、わが国と異なる規定を置いている国との二重課税を防止するため、個人及び法人がいずれの国の居住者になるかの判定方法を定めています。

我が国が締結している租税条約の一例ですが、

個人については、①恒久的住居の場所、②利害関係の中心がある場所、③常用の住居の場所、④国籍の順で判定し、どちらの国の「居住者」となるかを決めます。

法人については、本店又は主たる事務所の所在地、事業の実質的な管理の場所、設立された場所その他関連するすべての要因を考慮して両締約国の権限ある当局の合意により決定する場合もあります。

図48 相続税・贈与税がかからない！　海外移住のポイント

- 日本国内に資産がない
- 受贈者と贈与者が10年以上海外に居住
- 生活の中心が海外

日本に頻繁《ひんぱん》に帰ってきていても問題なし

タックスヘイブンに資産を持ち込む原始的な脱税

アタッシュケースで資産を運ぶ

タックスヘイブンの利用方法として、もっと**単純な「資産隠し」**も行われている。簡単に言えば、自分の資産をタックスヘイブンに持ち出して隠してしまい、隠した資産を相続時に申告しないのだ。つまり脱税である。

前項で紹介したスキームは税法の穴をたくみについた、一応法律に則《のっと》ったもので〝節税〟だった。だが今回のものは明らかに法律を破った〝脱税〟である。

やり方は単純である。アタッシュケースに現金や貴金属などを詰め込み、タックスヘイブンに資産を自分で持ち込むという方法である。

現在は国税のチェックが厳しく、振込みなどで資産をタックスヘイブンに移すのは難しい。日本から海外に100万円以上送金すると、金融機関から税務当局に報告されることになっているからだ。だからこのような原始的な方法がとられる。意外とこういう方法で、脱税が成功しているようなのだ。

日本の国税庁の海外脱税対策は非常に遅れている

なぜ「タックスヘイブンに資産を持ち込み隠す」という原始的な脱税が成功しているのかといえば、実は、そういう**隠し資産を日本の税務当局が発見するのは、非常に難しい**からである。

国内の取引であれば、文書一つで金融機関内のすべての口座をチェックできるし、家の中を探すなど、税務署は調べようと思えばすぐに調べられる。しかし海外となるとそうはいかない。

海外の金融機関を調べようとすれば非常に煩雑な手続きを要するし、現地に赴いて調査しようにも調査費に限りがある。しかもタックスヘイブン地域（図50）は金融や資産において強固な秘密主義を保っているため、よほど犯罪性のあるものでなければ情報を開示してくれない。

また日本の国税局には国際取引の情報を専門に集める部署も設置されているが、人数は非常に少ない。このような状態だから、相続税、贈与税の脱税が横行している。

タックスヘイブンは国税の泣きどころ

図49 タックスヘイブンを利用した贈与税節税スキーム

資産をタックスヘイブンに移し
相続人を海外に移住させて、その資産を贈与させるスキーム

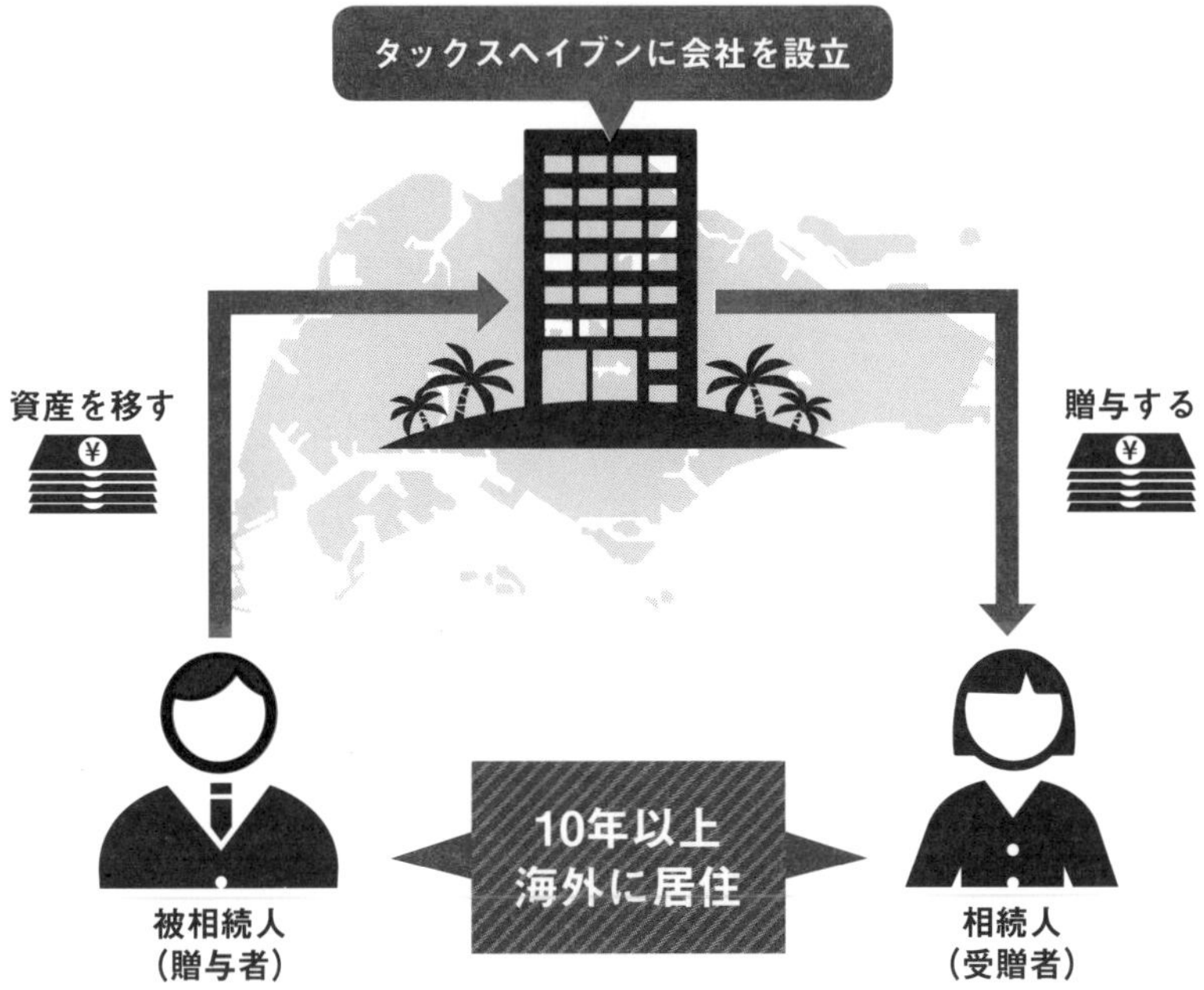

タックスヘイブンに「自分の持ち株を管理させる会社」をつくる
（これで自分の持ち株は海外資産ということになる）

↓

息子や娘など資産を譲りたい人を10年以上海外に移住させる

↓

タックスヘイブンの会社の株を息子や娘に譲渡する
これで、日本の贈与税はかからない

ルクセンブルク
リヒテンシュタイン
法人税12.5%。銀行守秘義務が厳しかったが、批判をうけて方向転換中。
香港
法人税16.5%。株の配当、キャピタルゲイン税、一部銀行の預金利子が非課税。
マルタ
スイス
スイス国外でビジネスをすることを目的にスイスで設立した法人は実効税率が10%～とかなり優遇される。
シンガポール
イギリスとのつながりが深く、香港と並ぶアジアのタックスヘイブン。多くの税務優遇措置がある。

世界の主なタックスヘイブン！

図50 世界中のお金がタックスヘイブンに集まっている

アイルランド
法人税は12.5%。しかし優遇策でさらに低税率に。国際的な批判を受けて法人税への優遇は中止する方向に。
バハマ
法人税、所得税、キャピタルゲイン税、相続税などが無税。
英領バミューダ諸島
法人税、所得税、キャピタルゲイン税、相続税などが無税。グーグルが節税対策として活用したことで有名。
ジャージー
ジブラルタル
ドミニカ
英領バージン諸島
法人税やキャピタルゲインが非課税。多国籍企業や投資ファンドの節税管理会社で活用されることが多い。
グレナダ
英領ケイマン諸島
所得税、キャピタルゲイン税、相続税が非課税。バージン諸島同様、節税目的のペーパーカンパニーが多数存在。
パナマ
アメリカ企業やアメリカの富裕層が歴史的に活用してきた。同地に設立した法人の国外からの所得が非課税。
アメリカ
デラウェア州
州内で営業していない企業でも法人税が非課税。アメリカ上場企業の半数以上が同州に登記上の本社を置く最強のタックスヘイブン。
ネヴァダ州
州法人税が無税。デラウェア州と並ぶ全米屈指のタックスヘイブン。

アパート、マンション経営をする資産家たち

銀行からの借入金で相続資産を大幅に減らす

ビジネス誌では、よく「アパート経営をすれば相続税の節税対策になる」と述べられている。実際にアパートやマンションを経営している資産家は多い。74ページで、庶民はアパートやマンション経営での節税をしないほうがいいと伝えたが、お金持ちにとっては、有効な節税となる。この節税には大きく2つのポイントがある。

1つは、アパート経営のための土地は、**200㎡までは相続税の評価額が一般の土地よりも50％減額**される（図51）ということである。たとえば1億円の土地を買ってアパート経営をしていた場合、経営者が死亡し、親族がその事業を引き継げば、その土地は5000万円として評価されるのだ。ただし平成30年4月以降に経営を開始した賃貸住宅の土地は、経営開始3年以内に相続が発生した場合は、この特例措置からは除外される。

2つ目は、**ローンを組んでアパートなどを購入すれば、その分相続税の対象となる資産が減額**される（図52）ということである。

相続税の対象となる相続資産は、資産から負債を差し引いた残額に対してかかってくる。だからアパートやマンションの建物を購入するときに、銀行から多額の借金をすれば、その借金分が相続税対象資産から差し引かれるということだ。

このアパート、マンション経営は、昔から地主の定番の相続税対策だった。広い土地を持っている人は、その土地をただ自分の持ち物として持っていれば、死亡したときにまともに相続税がかかるからである。

また、建物の評価額というのは年々減っていくが、銀行からの借入金というのは徐々にしか減っていかない。だいたいの場合、建物の評価額の減り方のほうが、銀行からの借入金の減り方よりも早い。そのため、被相続人が死亡した時点で、建物の評価額よりも銀行からの借入金のほうが多いというケースも多々ある。**借入金がはみ出た分は、相続資産の減額ということになる。そのため、相続税を抑えることができる**のだ。

不動産は借入れをして取得したほうが相続税対策になる!?

図51 小規模宅地等の特例(貸付事業用宅地)で評価額が50%減!

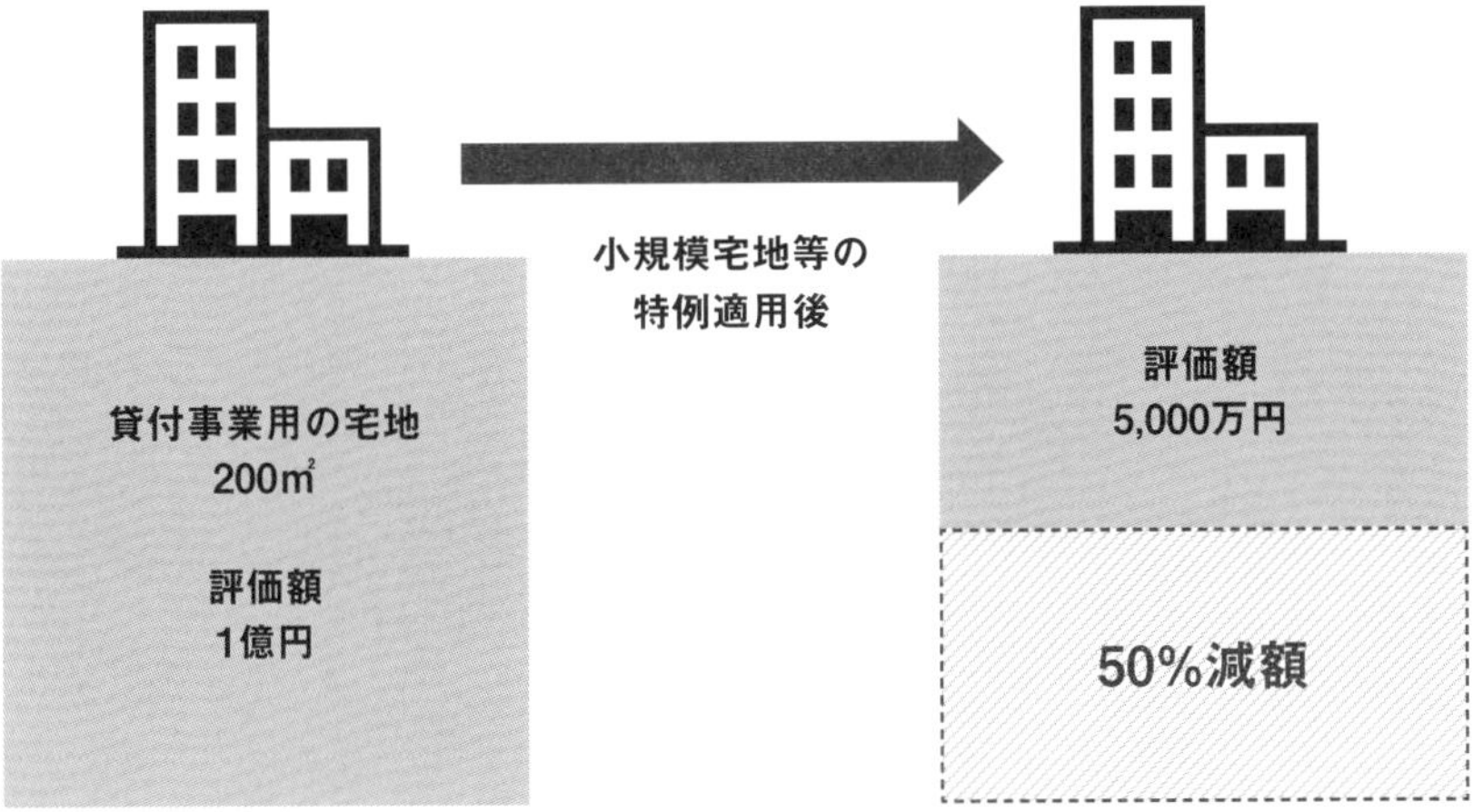

200㎡までのアパートやマンションなどの賃貸用物件や
駐車場の宅地に「小規模宅地等の特例」が適用可!
宅地評価額が50%割引!
＊相続開始3年前よりも以前からその土地で事業を営んでいなければ適用対象外

図52 金融機関からの借入れ分は相続対象の財産から差し引ける!

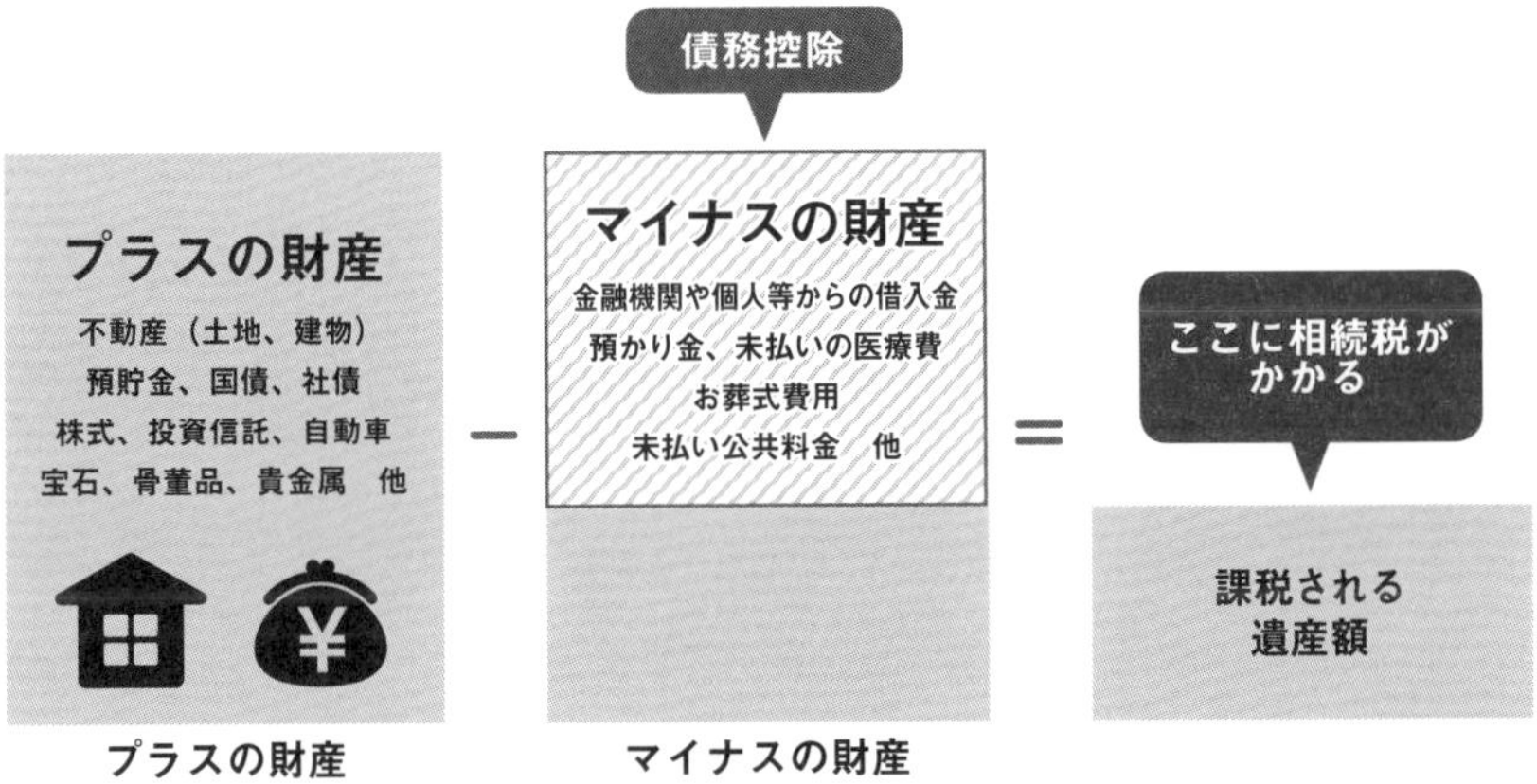

課税される遺産額が少ないほど、相続税は安くなる!

悪用禁止の逃税術

「社団法人」をつくり、無税で資産を譲渡する

社団法人は利益の配分をしなくていい

資産家たちは、まだまだ多様な相続逃れのスキームを持っている。ここで紹介するのは「社団法人」というスキームである（図53）。

これは、金持ちが**社団法人をつくって自分の資産をぶち込み、その社団法人を自分の子供などに譲ることで、無税で自分の資産を譲渡する**という方法だ。

社団法人とは、ざっくり言えば剰余金の分配を目的としない法人のことだ。社団法人には、「公益社団法人」と「一般社団法人」があり、「一般社団法人」は公益性がなくてもつくることができる。アパート経営をしたり、いろんな収益事業を行うなど企業としての活動をしてもよく、ほとんど普通の法人（会社）と変わらない。

何が違うのかというと、利益の分配をしないことである。普通の法人であれば、事業を行って利益が出れば株主に配当を支払うが、社団法人の場合は、配当はせずに、利益は法人のなかにため置かれるのだ。

現在、一般社団法人は、「登記人が2名以上いる」「登記をする」などといった簡単な一定の要件さえ満たせば、誰にでもつくれるようになっている。

社団法人の逃税スキームとは？

社団法人の逃税の具体的なスキームは、まず自分が死んだら相続税がかかると考えている資産家が社団法人をつくり、そこに自分の資産を移転する。そしてその社団法人に、自分の資産を相続させたい者（子供など）を理事として送り込むのである。

資産を社団法人に拠出したことにすれば、自分が死んだとき、自分の資産は社団法人の所有物となる。そのため遺族には贈与税も相続税もかからない。

が、その社団法人は、理事、いわゆる遺族たちの事実上の所有物であるため、遺族に**実質的に無税で遺産を相続させる**ことができるのだ。普通は贈与税や相続税がかかるものを、社団法人を介して、すべて無税にしてしまうことができる逃税術なのである。

図53 社団法人を使った節税の流れ

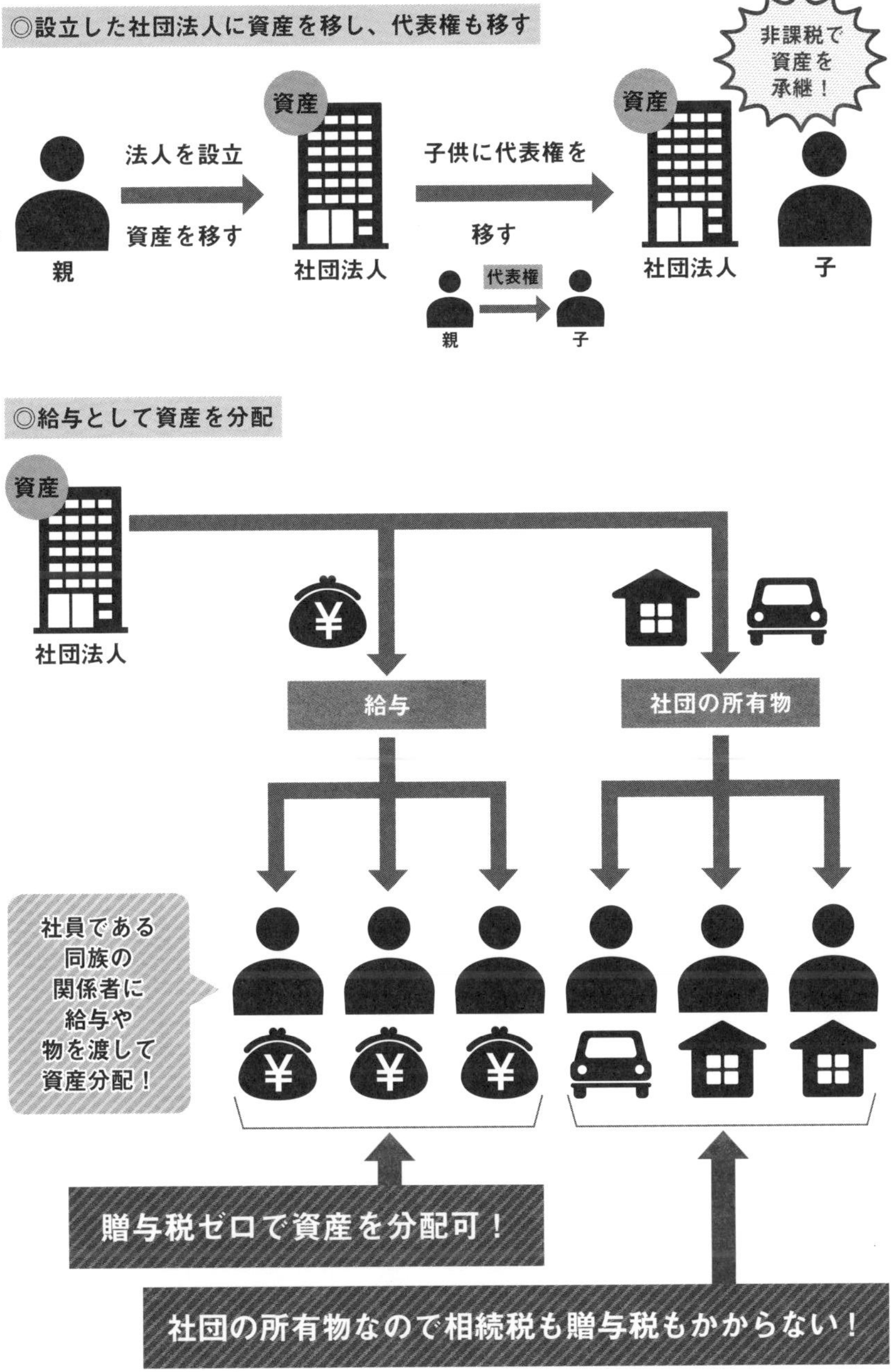

悪用禁止の
逃税術

給与として資産を身内に分配する

身内に財産をほぼ無税で分け与える方法

身内を社団の役員や職員にして、給料を払うことで、資産を分配するという手もある。社団に全財産をつぎ込んで、それを給料として身内に分配するのだ。

たとえば10億円の財産を出して社団をつくったとする。その社団に親族の５人を職員として雇用させ、それぞれに年１０００万円ずつ給料を払ったとしたら、財団の給料として自分の資産を、10年で5億円、20年で10億円、親族に移すことができるのだ。また給料として払わずに物を与えれば、所得税さえ課されない。財団や公益法人の持ち物ということにして、役員や職員に家や車を買い与えるのだ。そうすればまったく税金がかからない。

社団の運営には、官公庁も一応指導することになっているが、それは甘いものであるため、社団のお金の使い道は、設立者、運営者の意のままだ。社団の活動はその構成員の協議で決められる（図54）。でも社団の構成員は創設者の息のかかった人物を入れることができるし、財産の運用をチェックする外部機関もない。このようにして資産家たちは、社団法人をうまく利用して、相続税を逃れているのだ。

平成30年に大幅な制度改正！

平成30年度の制度改正で、**理事の過半数を同族関係者が占めている社団法人は「特定一般社団法人等」とし、同族理事が死亡した場合、法人が所有する財産のうち一定金額を対象に相続税が課税される**ようになった（図55）。

同族役員とは、被相続人（死亡した本人）、被相続人の配偶者、３親等内の親族（親・子・祖父母・兄弟姉妹・曾祖父母・曾孫・おじ・おば・甥・姪）、被相続人と特別な関係を持つ者（たとえば被相続人が役員を務める企業の従業員など）である。

だが、相続税の課税対象になるのは、同族役員が半分以上を占める社団法人だけである。だから非同族役員をたくさん入れて、過半数を割るようにすれば、課税対象にはならない。

一般社団法人をつかった相続税の節税スキームにメスが入った

図54 社員2人の登記だけで設立できる「一般社団法人」

	一般社団法人	株式会社
法人の種類	非営利	営利
実施できる事業	制限なし	制限なし
資本金	0円可	1円から
設立要件	設立登記のみ	設立登記のみ
構成員	設立時社員は2名以上必要	最低限必要な人員は1名
設立時役員と最低人数	理事1名以上	取締役会あり：3名以上 取締役会なし：1名以上
役員の任期	2年毎に登記が必要（再認可）	最長10年
行政の監督	一律的監督なし	
収益	法人の活動として収益活動ができるが、 剰余金を社員に配当不可。 社員に給与を払うことは可。	株主分配
課税	収益事業のみ課税 株式（出資）がないので、 故人の財産から隔離される	組織の全事業対象

図55 一般社団法人等に関する相続税の見直し

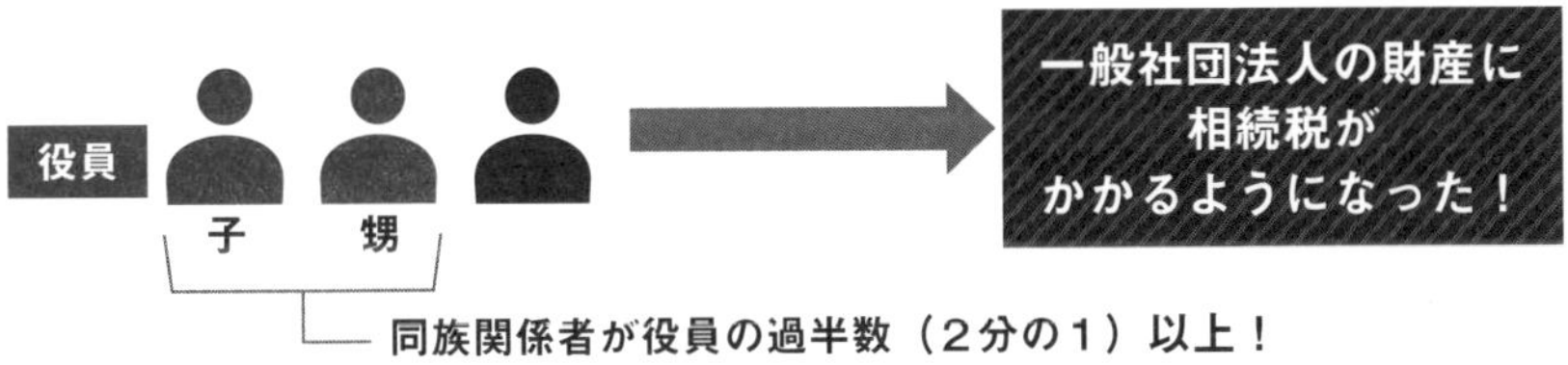
役員
子
甥
一般社団法人の財産に
相続税が
かかるようになった！
同族関係者が役員の過半数（２分の１）以上！

❶相続開始直前に、**同族関係者が役員の過半数**（2分の1）を超えている場合

❷相続開始前の**5年以内に合計3年以上**、同族関係者が役員の過半数（2分の1）を超えている場合

平成30年4月1日から、❶と❷のいずれかを満たす場合、同族役員が死亡したときに、一般社団法人が所有する財産の一定金額が、相続税の課税対象になることとなった。

「タックスシェルター」のいたちごっこ

カラクリのある税金のかからない商品を利用する

「タックスシェルター」というのは、「税金のかからない商品」のことである。この「租税回避商品」には「保険商品」が多い。保険会社が富裕層を相手に税金が安くなる商品を開発しているのだ（図56）。

たとえば、資産家がある生命保険に加入したのち、在命中にこの生命保険を贈与して、受取人を資産家本人から親族に移すのだ。当然、生命保険などを譲渡した場合は贈与税がかかる。生命保険の場合は贈与した時点での「解約返戻金」が贈与税の対象額となる。しかし、ここにカラクリがある。

この生命保険は、**期間途中では解約返戻金は非常に低いが、満期になって満期返戻金としてもらう場合は、その額が跳ね上がる**のだ。だから解約返戻金が非常に低い時期に贈与すれば、贈与税はほとんどかからない。そして満期が来たときには、前納した金額がそのまま親族の手に入るのだ。

要するに相続税と贈与税をほぼ払うことなく、大きな資産を親族に移すことができるのである。

具体的に説明すると、ある資産家が自分を対象に15年満期で5000万円の生命保険に入ったとする。満期が来たときの受取人は自分である。そして保険金は加入時に一括して前納していた。

この生命保険を加入14年目に息子に贈与したとする。つまり満期の受取人を自分から息子に変更したのである。この生命保険は解約返戻金がゼロに近いので、贈与した時点では無価値のため、贈与税はほぼかからない。が、翌年に満期になったら5000万円の返戻金がもらえるのだ。満期直前であれば、保険期間未経過の前払い保険料もほとんどないため贈与税が課されることもない。

つまり、5000万円をほとんど無税で贈与できる。

ただし、このような商品は、当局がその存在に気づけば規制される「いたちごっこ」を繰り返してきた。ここで紹介した商品も、現在は国税が法解釈の中でノーを明示しており、すでに無効のタックスシェルターとなった。

図56 生命保険の名義変更・解約を利用した租税回避

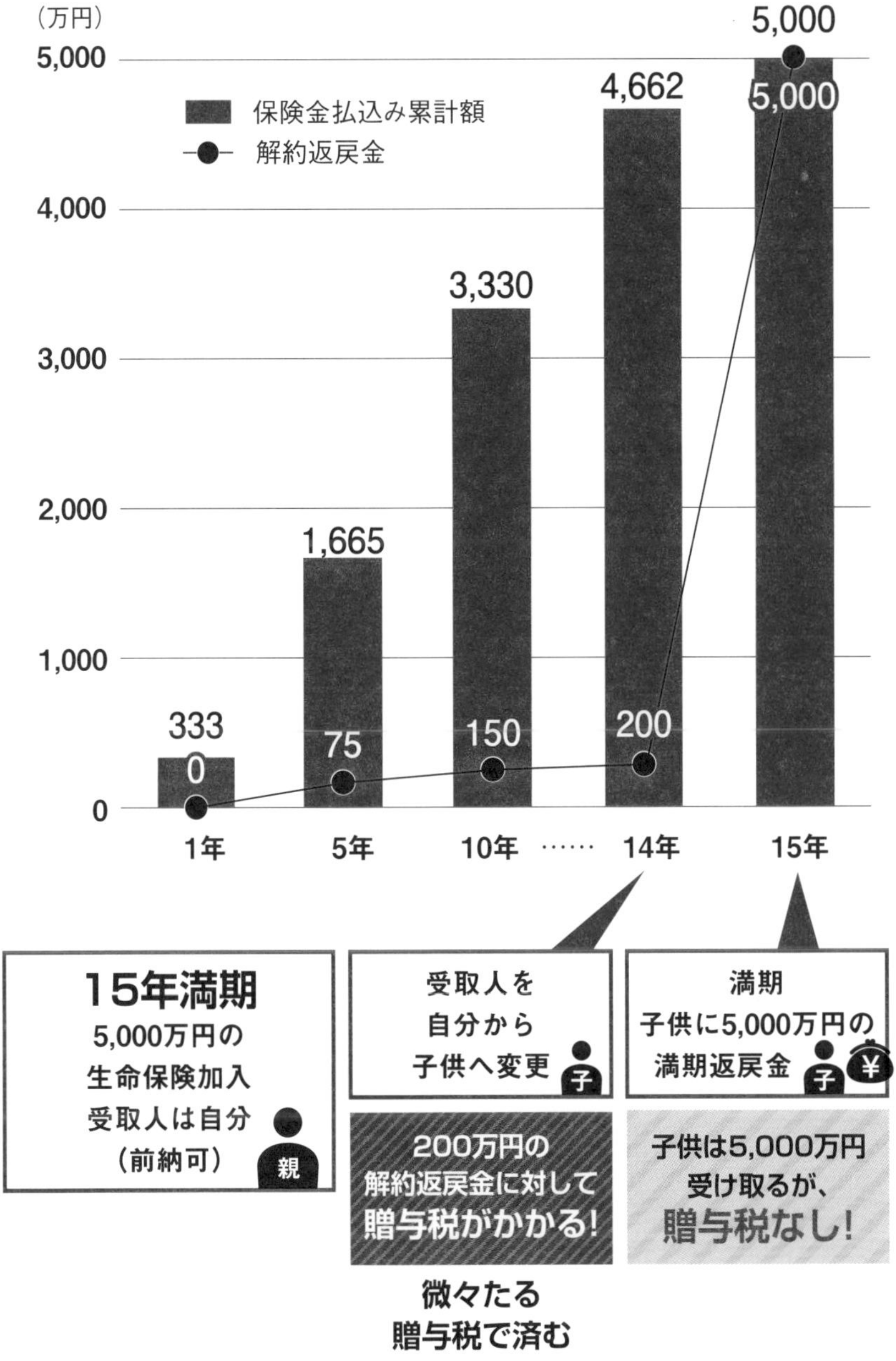

孫を養子にする節税裏ワザ

孫を養子にすれば相続税1回分が飛ばせる

昨今では、孫を養子にするという節税法も使われるようになった。なぜ孫を養子にすれば節税になるのか。

第1章でもふれたように、相続税においては「法定相続人」の数が大きな役割を果たす。法定相続人が多いほど、遺産の総額から差し引く「基礎控除額」が大きくなり、1人当たりの相続税が少なくなるので、相続税がかからないで済む額が増えるのである。

しかし法定相続人というのは「配偶者」と「子供」となっている。子供がいない場合は両親も法定相続人となり、子供も両親もいない場合は兄弟姉妹も法定相続人となる。なので基本的には、孫は法定相続人にはなれない。

だが、相続税の裏ワザとして「養子」という手がある。**養子は相続税的には「法定相続人」の子供として扱われる**のだ（図57）。

また、孫を養子にした場合、さらに相続税対策に有効となることがある。普通、相続というのは親子の間で行われる。親が死ねば子供に、その子供が死ねばその子供の子供に、という具合である。だから孫というのは2回目に相続を受けることになる。要するに相続税が二度発生するのだ。が、**孫を養子にしておけば、相続税1回分を払わなくていい**わけだ（図58）。相続税は最高55％なので資産家にとってはバカにならない。相続税を2回払えば、単純計算では100の資産が20になるのだ。

しかし、養子をとることでの相続税対策には落とし穴もある。親子関係以外の、たとえば兄弟姉妹などが法定相続人になった場合に相続税が2割加算されるという制度がある。この制度は養子にも適用されて、**養子は実子よりも2割加算した相続税を払わなければいけない**のだ。

相続税というのは、数億円単位で生じることもあるので、2割の加算となると、かなり大きい額になることもある。だが、2割増しで払ったとしても相続税を1回回避できるので、資産家にとっては節税になるケースが多い。ただし養子は、子供のいない夫婦は2人まで、子供のいる夫婦は1人までという制限が定められている。

孫を養子にむかえると相続税節税になる？

図57 孫を養子縁組すると相続税は減るけど２割加算

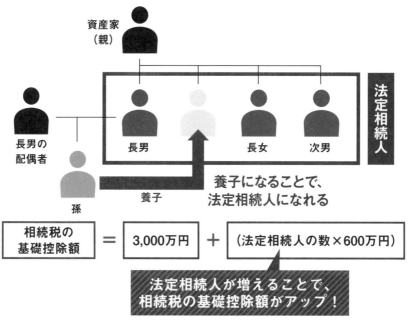

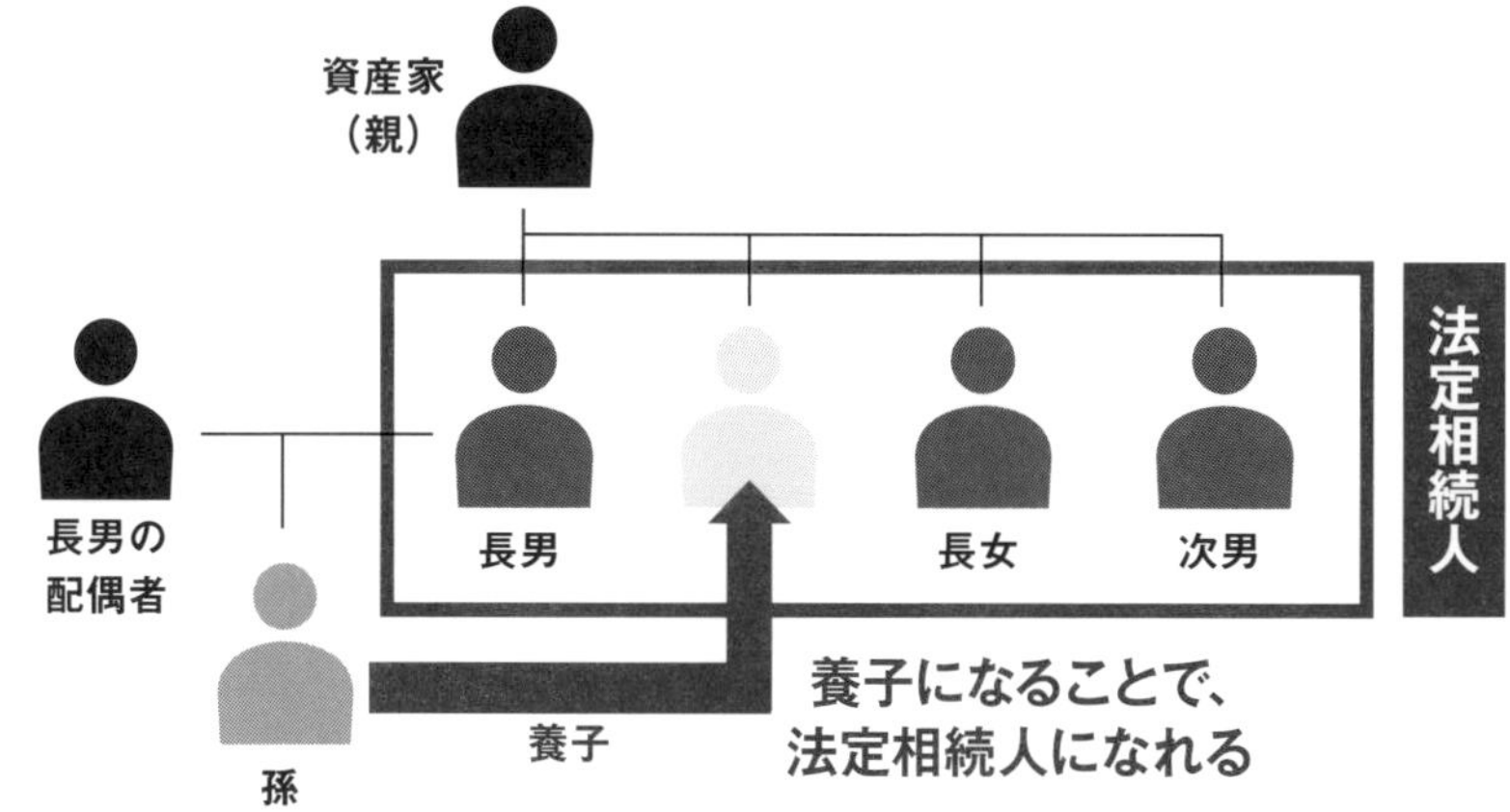

相続税の基礎控除額 ＝ 3,000万円 ＋ （法定相続人の数×600万円）

法定相続人が増えることで、相続税の基礎控除額がアップ！

＊ただし養子の場合、通常の相続税額に2割加算した額を納税する義務あり。

図58 相続税の課税回数を１回分減らせるのは、大金持ちにとってメリット大

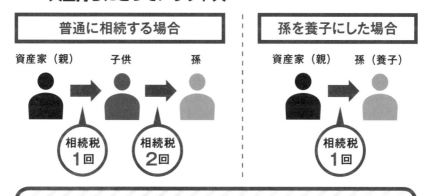

相続税を1回分減らすことができる

大金持ちも一般の人も得になる「富裕税」の提案

大金持ちは、何十億、何百億円もの遺産を手にしながら、ほとんど相続税を払っていない。何十億円ももらっているのであれば、最低でも３割程度の税金は払うべきだろう。

だが、彼らは相続税を払うのをかたくなに嫌がる。

それはどうしてなのかと考えたとき、一つの推測が生まれた。

相続税は多くの財産を一度にとられる。現在の相続税は最高税率が55％である。いくら何十億という遺産が手に入ったとしても、半分以上の財産が一気に税金でとられてしまうのだ。そのことが大きな喪失感となり、資産家は死にもの狂いで節税をするのではないだろうか。

そこで筆者は**「相続税」の代わりに「富裕税」を推奨**したい。

「富裕税」というのは簡単に言えば、自分の持っている資産などに課せられる税金のことである。たとえば、**「１億円以上の資産を持っている人には毎年、資産に対して１％の税率を課す」**というように、である。

日本には、1,900兆円にも上る個人金融資産がある。不動産等の資産を含めれば、日本人の個人資産は5,000兆円以上だと推測されている。この資産に１％の富裕税をかければ、概算でも50兆円の税収となる。これは現在の国税収入全額にほぼ匹敵する金額である。資産１億円以下の人は免除するなどしても、20～30兆円の税収は普通に稼げるのだ。

相続というのはだいたい30年に一度発生するので、資産家は30年に一度、財産の約55％を取られることになる。しかし富裕税の場合は実質的に毎年１％しかかからないので、30年間でも30％にしかならない。相続税と比べれば高いものではない。

また相続税は一度にごっそりととられるが、富裕税は毎年少しずつしか課されないため、実質的な負担感も非常に小さい。このような富裕税であれば、ハードルが低くて、払いやすいのではないだろうか。

いま、日本の貧富の差は深刻だ。それを解消するためにも、「富裕税」のような策を講じていきたいところである。

第4章

会社経営者の多様な逃税スキーム

ずる賢い裏ワザ

後継者にほぼ全財産を無税で引き継げる!?

「事業承継税制」を使った贈与税と相続税の逃税法

会社の経営者にとっての相続税対策にも多くの裏ワザがある。

実は、非上場会社というのは、相続税のうえで非常に優遇されている。**非上場会社の経営者一族には、相続をスムーズにするために「事業承継税制」という制度が設けられているのである**。これは、中小企業が事業を円滑に次の世代に引き継ぐための税制で、先代が死亡した際に、株式の3分の2までは無税で後継者に引き継がせるようにしている税金の特別制度である。

具体的には、事業の承継を前提に、自分の会社の株式（非上場）を後継者に贈与した場合、「雇用承継してから承継前の雇用の8割を5年間維持する」という条件を満たせば、**株の3分の2までは贈与税が課されない**のだ。

また同様の条件で、**先代が死亡してから株を引き継いだ場合でも、相続税の8割が免除される**。

しかもこの事業承継税制は2018年4月から10年間の特例措置が設けられ、株式の100％が免除されることになり、雇用維持の条件もはずされたのである（図59）。

また、会社というのは、一般の人が思っているよりもずっと創業経営者にとっては便利のいいものである。

たとえば、実質的には自分が所有しているが、自分の家や車などもすべて会社名義にして、会社の金で購入し、自分は会社から借りているだけ、という体裁をとることも多い。このように自分の財産をすべて会社名義にしておけば、会社を次の世代に引き継ぐときに、家、土地、車など、自分の財産も一緒に引き継ぐこともできるのだ。

つまり、**「事業承継税制」をうまく使えば、会社経営権だけでなく、自分のほぼ全財産を無税で次世代に引き継ぐことができる**ということだ。

しかし、実はこの「事業承継税制」は、あまり使われていない。

その理由は、ほかにも会社経営者の相続税の抜け穴があり、3分の2どころか資産のほとんどを無税で相続できる方法があるからである。

図59 10年間限定の事業承継税制「特例措置」！

「事業承継税制」のメリット

◎中小企業の非上場自社株式を非課税で後継者に移転できる
◎先代経営者の生前に、早期に株式を後継者に移転できる
◎贈与税・相続税は、納税猶予後、最終的に非課税にできる

事業承継税制の一般措置と特例措置の相違点

これまでの「一般措置」より使いやすくなった「特例措置」

2018(平成30)年1月1日から2027年12月31日までの10年間限定の特例制度

項目	一般の事業承継税制	事業承継税制特例措置
事前の特例承継計画の提出	不要	5年以内の特例承継計画の提出（2018年4月1日～2023年3月31日）
適用期限	なし	10年以内の贈与・相続等（2018年1月1日～2027年12月31日）
対象株式	総株式数の最大3分の2まで	100%
評価額に対する納税猶予割合	贈与税 100% 相続税 80%	贈与税・相続税 100%
雇用確保要件	承継後5年間、平均80%の雇用維持	実質撤廃
後継者の人数（株式をもらう側）	後継経営者 1人のみ	後継経営者 3人まで（10%以上の特殊要件）

発行済み株式数最大３分の２
↓
全株式が対象に

贈与税100%
相続税80%
↓
贈与税・相続税100%に

１人の経営者から1人の後継者への贈与・相続のみが対象
↓
複数の株主から、代表者である複数の後継者（３人まで）への贈与・相続も対象になった

ずる賢い 裏ワザ

わざと「赤字会社」にして相続税評価額を下げる

日本の会社の7割が赤字企業

会社の経営者（創業者）が、もっとも多く使っている相続税対策は、ずばり**“会社の資産価値を減らす”**ことである。非上場会社の株式を相続する場合、相続税評価額は会社の資産価値ということになり、次の算式になる。

会社の資産価値＝非上場会社の株の価値（←相続税評価額）

そして、会社の資産価値を測るには、次のような算式になる。

会社の資産－会社の負債＝会社の資産価値

当然のことだが、会社に負債があれば、その分を差し引くことができる。実は、「日本の会社の7割が赤字企業」なのである。

会社は、利益を出すことで次の運転資金をまかなっているので、赤字が続けば理論上つぶれてしまう。しかし日本には、長年赤字でも継続している会社が多々ある。要するに、帳簿上赤字だけれども、実際は儲かっている会社が多いのだ。

「本当は儲かっているのに帳簿は赤字」のカラクリ

では、どうやって帳簿上の赤字を計上しているのか？（図60）

会社をつくれば、会社の業務としてさまざまな経費を計上できる。一般の人が思っている以上に、会社の経費の範囲は広く、家族を役員や従業員にして人件費をバンバン出したりすることもできる。

また、少しでも会社の業務がかかわっているという条件をクリアすれば、会社の社宅という形にして家やマンション、社用車として車を購入することもできる。限度額はあるが交際費を経費で落とすこともできるし、さらに福利厚生費も経費として計上できるのだ。

このようにさまざまな経費を計上することで赤字になると負債がたまり、会社の資産価値は大幅に減少する。そのような**資産価値がほぼない状態だと、経営者が死亡したときに会社の株を相続すると、相続税はほとんど発生しない**。そういうカラクリなのである。

赤字会社・債務超過での事業承継で大節税！

図60 会社を赤字にして相続税を下げるスキーム

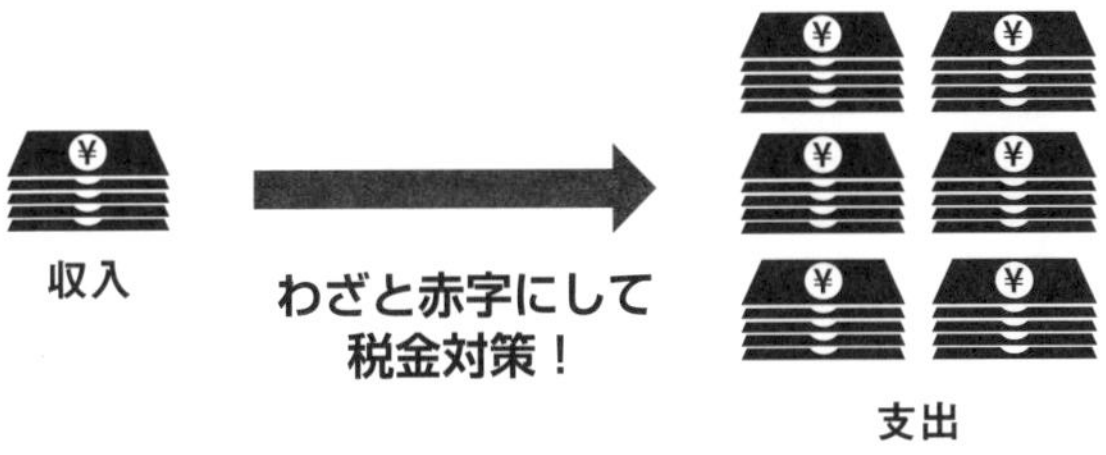

会社の資産価値を減らせば
その分、相続税評価額が減り
相続税が少なくなる！

会社の経営者は、
親族に給料を払うなどして会社の利益を減らす

↓

会社は赤字になる

↓

赤字が累積し、会社の資産はマイナスになる

↓

経営者が死亡したとき
会社の株の相続税評価額はゼロ

ずる賢い裏ワザ

「不動産」を使った逃税術

「事業用の土地」で相続税対象資産を減らす

会社経営者の相続税対策は、「会社を赤字にする」以外にもある。非上場会社といえども、銀行から借り入れをしていたり、上場企業と取引をしている会社は、社会的な信用の面でも会社を赤字にすることができないところもある。そういう会社の経営者がよく使うのが、不動産を使った節税である。

たとえば、**会社が使用している「事業用の土地」の価格などを市場価格から大幅に差し引く**という、相続税における軽減措置がある。第2章で紹介した「小規模宅地等の特例」の〝事業用土地〟への相続税減免制度である。これをうまく使い、建物などを経営者が所有することによって、相続税の対象資産を大きく圧縮することができるのだ。

ここでいう事業用の土地とは「貸付（不動産）事業用以外の事業用の宅地等」というもので、たとえば、工場や商店や事務所等といった、不動産事業以外での事業に使っている土地が対象となる。

つまり、不動産以外の事業を営んでいる人が子供や親族などに事業を継がせる場合、**その事業に使っている宅地の評価額を、４００㎡までは80％減額する**という規定である。４００㎡というと約１２０坪である。工場では狭いが、普通の商店やビルなら建てられるだろう。だから、もし自社ビルを持っている場合、その宅地が４００㎡以内ならば土地の評価額は8割減でいいのである。

たとえば、日本でもっとも地価（路線価）の高い、銀座の「鳩居堂《きゅうきょどう》」前に４００㎡の土地を持っていたとする。１㎡あたり４０３２万円だとすると、土地代だけで１６１億２８００万円になる。ここに自社ビルを建てて、事業を息子に承継させたとする。となると、この土地の相続税の評価額は8割減となり、わずか32億円となる。

また、相続税も、通常１６１億円の遺産を相続した場合は約80億円かかるが、それが事業用土地ならば16億円程度で済むのだ。鳩居堂前の土地の例は極端だが、似た例は日本中に多々ある。

個人商店がある土地を相続した場合、土地の評価額が大幅減

図61 小規模宅地等の特例で事業用宅地も80%節税！

小規模宅地等の特例の要件

適用される宅地		限度面積	相続税評価額減額割合
事業用	①貸付（不動産）事業以外の事業用宅地 （例：事務所、店舗、工場、倉庫など）	400㎡まで	80%減
事業用	②貸付（不動産）事業用宅地 （例：アパート、マンション、駐車場の経営など）	200㎡まで	50%減
居住用宅地（自宅）		330㎡まで	80%減

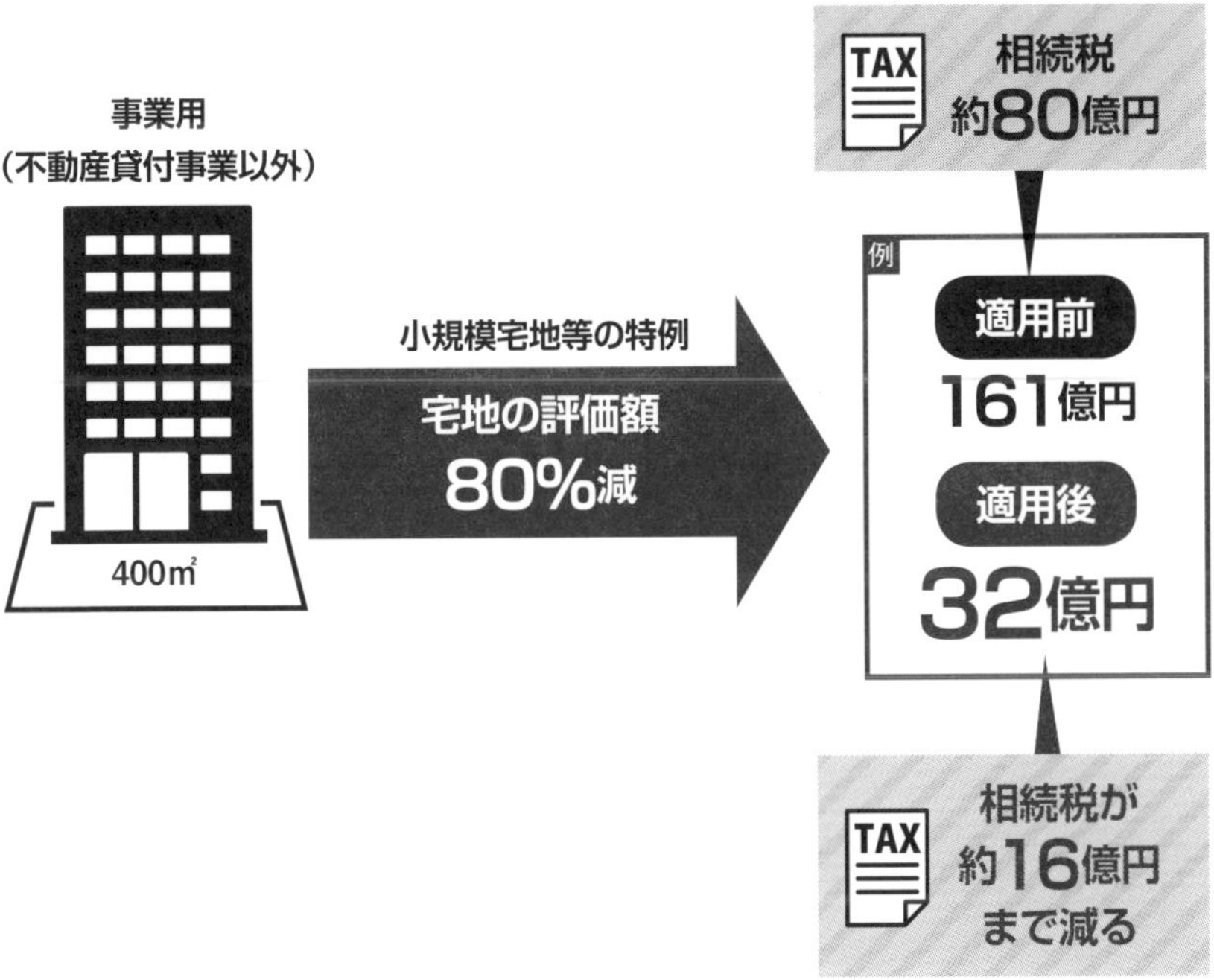

相続税の負担が大幅減！

ずる賢い 裏ワザ

形ばかりの事業承継でも、相続税を大幅ダウン可能

「事業用土地」相続税節税は会社でなくても使える

世の中には会社の登記をせずに個人事業者として事業を行っている人も多々いるが、そういう**個人事業主も「事業用土地」の評価額減の特例を使える**。

たとえば、駅前の一等地で食堂を経営している人がいたとする。この食堂の土地はその人が所有していて、広さは300㎡。時価にすれば2億円だった。その人が死亡し、親族がその事業を引き継ぐということであれば、この2億円の土地は80％減の評価額となり、たったの4000万円となる。相続人が2人以上いれば相続税はゼロになる可能性のある価額になるのだ。

しかも、**この制度には、実は抜け穴がある。必ずしも事業を継承しなくても特例を受けられる**のだ（図62）。事業承継の要件は、税法では「その宅地等の上で営まれていた事業を相続税の申告期限までに引き継ぎ、かつ、その申告期限までに事業を営んでいること」となっている。ということは、まったく事業を継ぐ気がなくても、相続税の申告期限までに形だけ事業を承継するという手続きを取っていればOKで、申告が終わった後は、その土地を売ろうが事業をやめてしまおうが関係ないわけだ。

たとえば、都内の一等地でたばこ店を建てて営んでいる人がいて、その土地は時価総額10億円だったとする。その経営者が死亡したとき、店を継ぐ気のないサラリーマンをしている息子が、サラリーマンは辞めずに、相続税の事業承継手続きをする。

ちょっと頑張れば自分にもすぐにできる事業承継の手続きの必要書類を税務署に提出し（税理士に頼めば数万円でやってくれる）、相続税の申告書を提出するまでに店を開けたりして、一応営業しているという実績を残しておくのである。

それだけの作業で、10億円の土地の相続税評価額が80％免除されて2億円で換算される。普通に10億円を相続すれば少なくとも4億円の相続税がかかるが、評価額が2億円であれば5000万円以下で済む。約10分の1に抑えられるのである。

図62 事業承継をするフリをすれば相続税を減額できる!?

事業用宅地(不動産貸付事業以外)の「小規模宅地等の特例」適用要件

1. 被相続人の事業を申告期限（10ヵ月）までに引き継ぎ、かつ継続すること
2. 被相続人の事業用宅地を申告期限（10ヵ月）まで保有していること

適用例

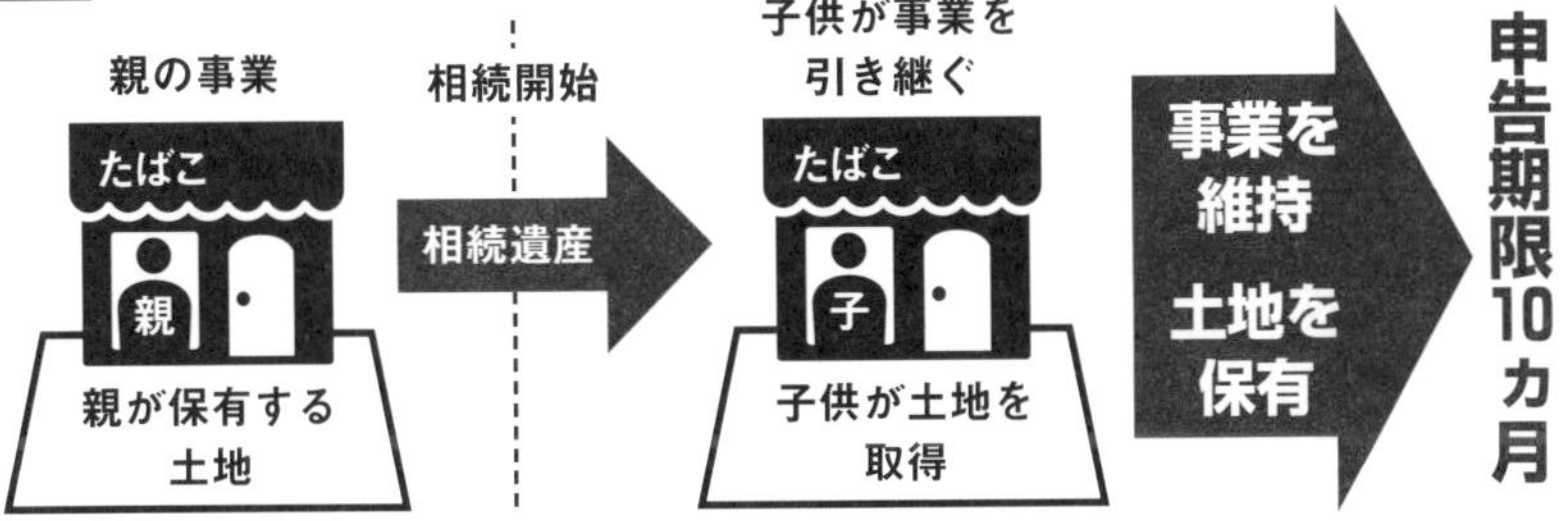

個人事業を営んでいた父が死去し、サラリーマンだった長男が会社を辞めて、相続税の申告期限までにその事業を引き継いだ場合には、その引き継いだ事業用の宅地は80%減額される。

※この規定は、引き継ぐ人は相続人に限らず広く親族が対象。

制度の抜け穴

事業承継をする気がなくても、申告期限まで承継をする手続きをしていれば適用できる!?

事業を継承するつもりがなくても、申告期限までに「事業承継手続き」と「営業をしている実績を残しておく」ことをすれば、「事業用土地」の小規模宅地等の特例は認められる。

申告後は、事業をやめてしまおうが土地を売ろうが、かまわない。

制度の抜け穴

自分の持つ土地が「事業用土地」と認められさえすれば、特例が適用できる!?

被相続人の立場となりうる人が、「開業届」と「毎年の申告」をして、所有している土地でなにかのお店をしていれば、特例を適用できる「事業用宅地」になる。

儲かっていても儲かっていなくても、開店日が少なく事業規模が小さかったとしてもＯＫ。

その事業を遺族が引き継げば、特例が適用され、その土地価格は相続上80%減額される。

ずる賢い
裏ワザ

子供名義で自社ビルを建てて、不動産を譲渡

普通の人でも「事業用土地」を持つことができる

前項の節税は、いま、商売をやっていない**普通の人でも、「居住用の宅地」を「事業用の土地」にすれば使える。**

所有している土地の上に立っている家を改造して、陶芸教室でも雑貨店でも、なにかの店を始めて、税務署にも開業届を出すのだ。そして儲かっていなくても毎年事業としての申告をしていれば、もう立派に事業として認められるのである。そうすればその土地は「事業用の土地」となる。そして遺族がその事業を引き継げば、その土地の価格は相続税上、80％減額されるのである。

相続税の申告書を提出する期限は、被相続人が死亡したのを知ってから10ヵ月以内である。だから被相続人が死亡してすぐに「形ばかりの事業承継」をして、申告書を提出すれば、相続税が激減する。

そして相続税の申告書を出してしまえば、あとは店の営業をやめようが、売ってしまおうが、かまわない。

子供名義で自社ビルを建てる

さらに、もう少しテクニカルな「不動産を使った相続税節税策」もある。**自社ビルの建物や土地を、最初から自分の息子などの名義にする手法**である。

経営者は自社ビルを持つことがあるが、何十階もある自社ビルもあれば2階建ての自社ビルもある。だから少し頑張れば、中小企業経営者でも自社ビルを建てることはできる。

この自社ビルを会社名義や経営者名義でなく、子供などの親族名義にすることができる方法がある（図63）。

まず、子供の名義でビルを建てる。建築資金は親が子供に貸すか、子供の名義で銀行から借りる。子供はどうやってその借金を返済するかというと、会社が子供に家賃を払うので（子供が大家の立場になるため）、その家賃で返済するのである。

このスキームを使えば、子供はなにもせずに、自社ビルを手にすることができる。

自社ビルを無税で子供に譲る方法

図63 子供(親族)の名義で自社ビルを建てるスキーム

経営者が子供名義で自社ビルを建てる
（経営者は資金借り入れの保証人となる）

↓

保証人になっても金銭のやり取りが
あるわけではないので贈与税等はかからない

↓

会社が子供に家賃を払う

↓

子供はその家賃で銀行借り入れを返済する

↓

実質的に会社の金を使って、
子供に自社ビルを買い与える

個人資産を管理する「プライベート・カンパニー」

贈与税と相続税を逃税する方法

金持ちの相続税対策の定番として「プライベート・カンパニー」というものがある。

プライベート・カンパニーとは、形式としては普通の会社と同じで、個人の資産を管理するためにつくった会社のことである。「個人の資産を管理する」といえば聞こえはいいが、要は相続税などの税金を安くするということである。

「法人登記する」という要件さえ満たしていれば、会社は誰でもつくることができ、プライベート・カンパニーも法律上は「会社」となる。つまり会社としての税制を使うことができる。

そのため、プライベート・カンパニーは102ページのような方法（資産の分配や赤字で相続税を減額）で、相続財産を大きく軽減できるのである。ここでも簡単にご紹介しておく。

まず**〝資産の分配〟**については、本来、税法では、相続税対策として生前に資産を親族に分配されることを防ぐために、親族間でも金品のやり取り（年間110万円以上）があれば贈与税がかかる。

しかし、たとえば自分の持っているマンションを管理するためとして、プライベート・カンパニーをつくったとすると、話が変わってくる。会社をつくれば、妻や親類、子供などをその会社の社員にすることで、年間110万円という縛りのない高額な金額を親族に給料として払い、**資産を分配することができる**のである（図64）。

また、**プライベート・カンパニーは〝会社を大幅に赤字にして相続税を下げる〟**こともできる。

プライベート・カンパニーは非上場企業とは違い、銀行や大企業との取引もほとんどないため、赤字になることを厭《いと》わなくてもいい。だから帳簿上負債をためて、会社の資産価値は大幅に減少させることができる。

そして相続する際には、資産価値がほとんどなく（もしくはマイナス）、会社の株をもらっても相続税はかからない、ということになるのだ。

不動産管理をするときは法人化(プライベート・カンパニー)しないと損？

図64 プライベート・カンパニーを利用した節税術

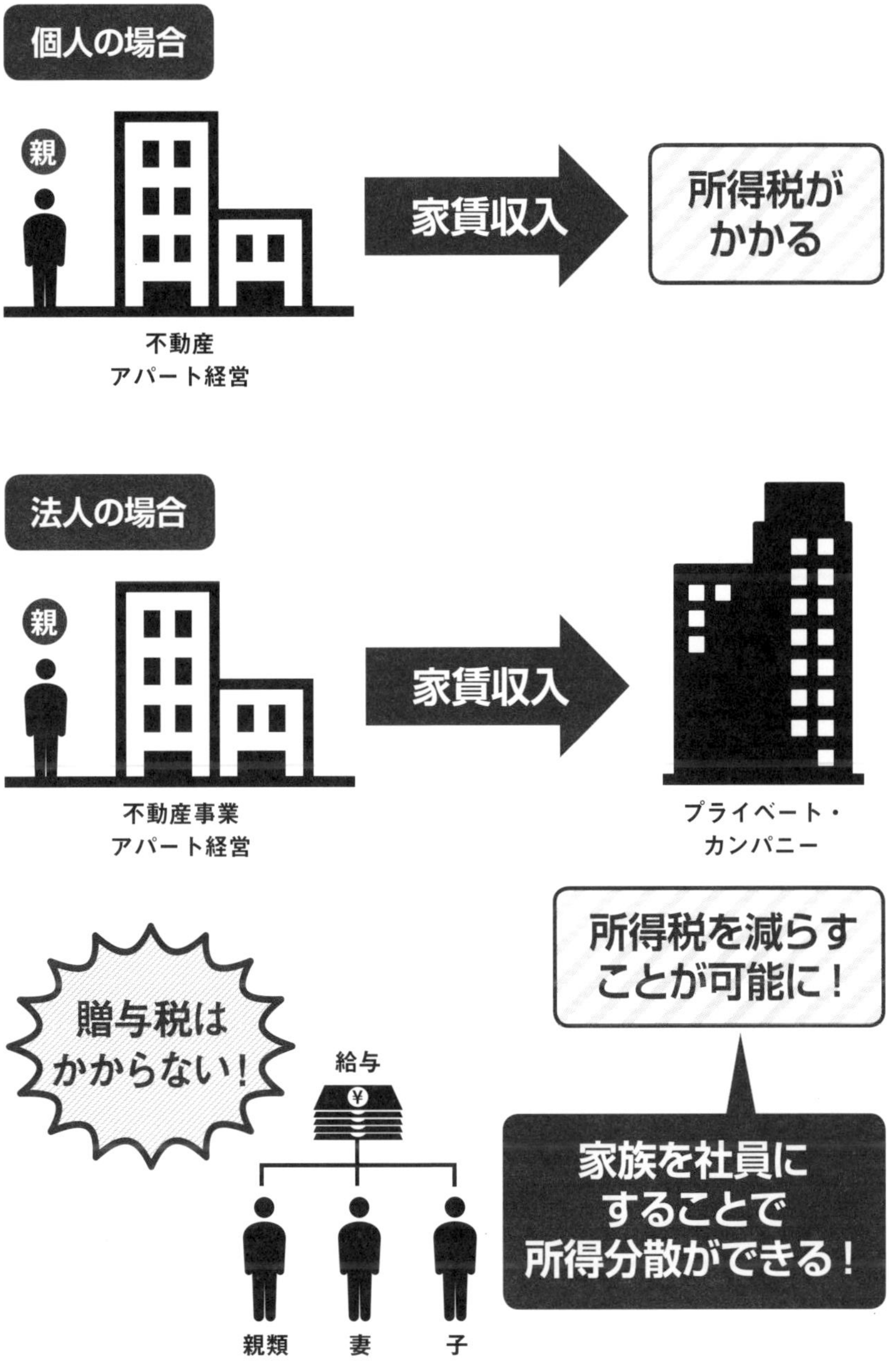

ずる賢い裏ワザ

プライベート・カンパニーと不動産を組み合わせた逃税術

「不動産管理」のプライベート・カンパニーで節税

プライベート・カンパニーは、生前に資産を分散するというだけではなく、死後の〝相続税対策〟にも効果を発揮する。

普通の相続の場合は、資産を時価で換算し、遺族はその価値に応じて相続税を払うことになる。

が、自分の資産をプライベート・カンパニーに移していた場合は、非上場会社と同様、遺族はプライベート・カンパニーの株式を相続することになり、その会社の資産価値が相続税の課税対象になる（図65）。そして、その際の会社の資産の換算には、相続税上の特別な措置も講じられる。

会社の資産にアパートやマンション、駐車場などの「不動産貸付事業用宅地」があった場合は、88ページで紹介した、**貸付用の小規模宅地等の特例が不動産事業にも適用される。不動産事業の場合、限度面積が200㎡で、軽減率は50％**である。

たとえば、10億円の200㎡の土地に賃貸アパートを建てて、その賃貸業を親族に引き継がせた場合、相続資産としての評価額は5億円になるということである。相続財産としての評価額は大きく減じられる。これは、元から土地を持っていた地主などには、とても有利な制度である。プライベート・カンパニーをもっとも利用しているのは、いわゆる地主さんである。

地主の正体は「偽装農家」

元から土地を持っていた地主が、自分の所有する一番高い土地にアパートを建ててプライベート・カンパニーを経営して、それを地主が死亡した後に親族に引き継がせれば、それだけで土地の相続税は半額以下になるのだ。

そもそも「地主さん」はどのような人たちなのかというと、実は**「地主さん」のほとんどは、農家（元農家を含む）である。**

あまり知られていないが、**〝農家〟という業種は、非常に巧妙な相続税逃税スキームを持っている。**

図65「会社の資産価値」を減らして相続税を減額する方法

「不動産管理」のプライベート・カンパニー

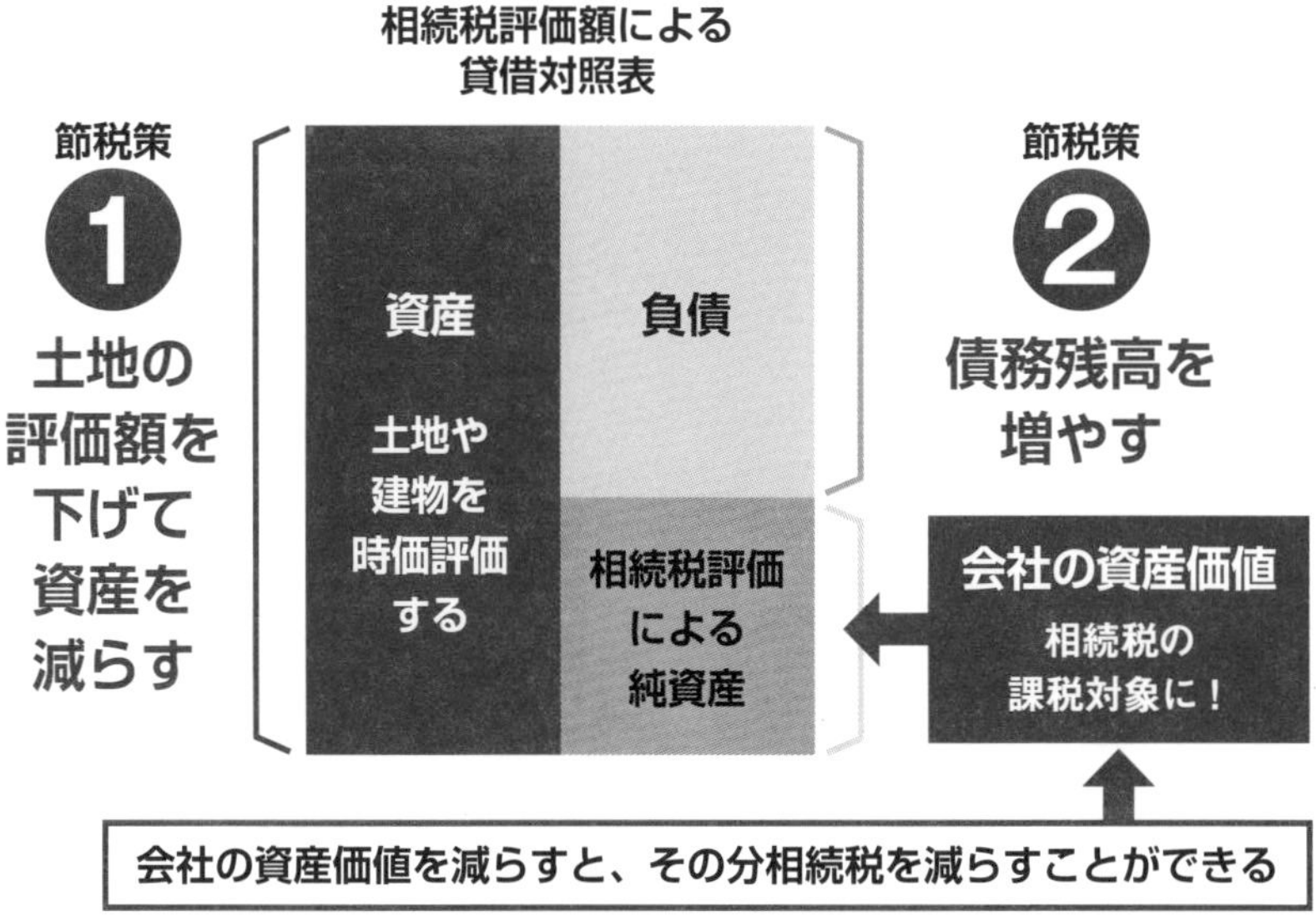

節税策 1 土地の評価額を下げて資産を減らす

アパートなどの貸付事業用宅地に適用される小規模宅地の特例を使う

節税策 2 債務残高(赤字)を増やす

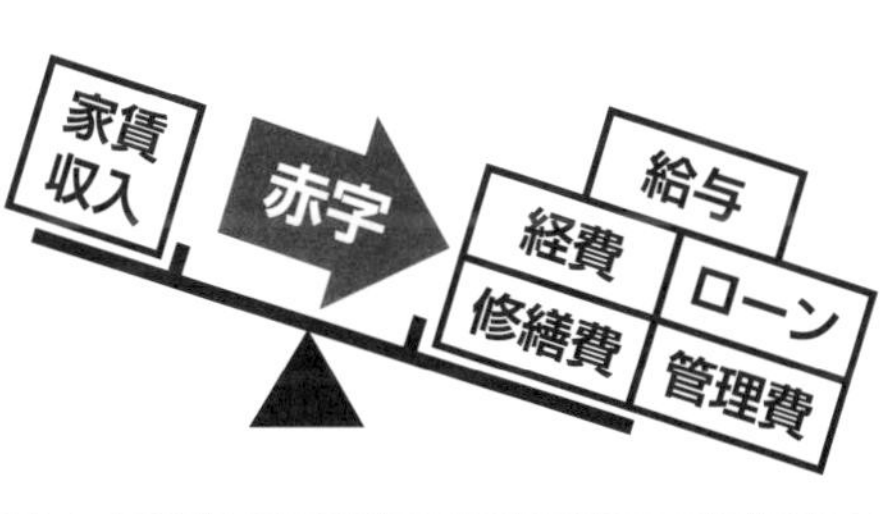

プライベート・カンパニーの
場合、赤字になることを
気にしなくてもいいため
帳簿上の負債を
どんどん貯められる⁉

ずる賢い裏ワザ

巧妙な節税スキームを持つ地主たち

農家は相続税だけじゃなく固定資産税も優遇

農家には税金面でさまざまな優遇がある。

たとえば、農地を親族に相続させるときに「相続税猶予」という特典がある（図66）。後継者が引き続き農業をする場合は、相続税がいったん免除されるのだ。

そして、その**後継者が20年以上農業を続けた場合には、猶予された相続税は完全免除**となる。

農地というのは国民の生活に直結するものなので、農地法でいろいろな制約を受けていて、簡単には宅地に変更したりすることはできない。その代わり、農地を農地として使用して農業を続けている場合は、税金面で優遇措置が取られているのだ。

また農地は相続税だけじゃなく、**固定資産税も優遇されている。農地が100㎡あったとしても固定資産税は数千円で済む**のである。都心部の農地などでは、宅地の数百分の1もの金額になる。だから農地からほぼ収入が得られなくても、これまで保持し続けてこられたのだ。

農地の相続税猶予制度の抜け穴

が、この農地の相続税猶予制度には抜け穴がある。

原則として「相続税を免除してもらうためには農業を20年間続けなくてはならない」のだが、**「後継者の家を新築する」などの理由をつければ、農地を宅地にすることもできる**のだ。

つまり、（図67）のようなスキームで、納税猶予となった土地を宅地化してしまうのだ。そしていったん宅地にすれば、もう「農地」という縛りはなくなる。

宅地にした後は、そこに本来の目的からはずれたアパートを建てたりしても、罰則があるわけではない。もちろん宅地にすれば土地の値段は跳ね上がるし、駅近くの土地にアパートを建てればかなりの収入になる。

このような方法で不動産事業を行っている「農家」は、とても多い。優遇措置をフルに活用することで、相続税をほとんど払わないで、土地を次世代に引き継いできたのである。

実は、農家だけの相続税の超優遇制度があった

図66 農業の「相続税納税猶予」制度とは？

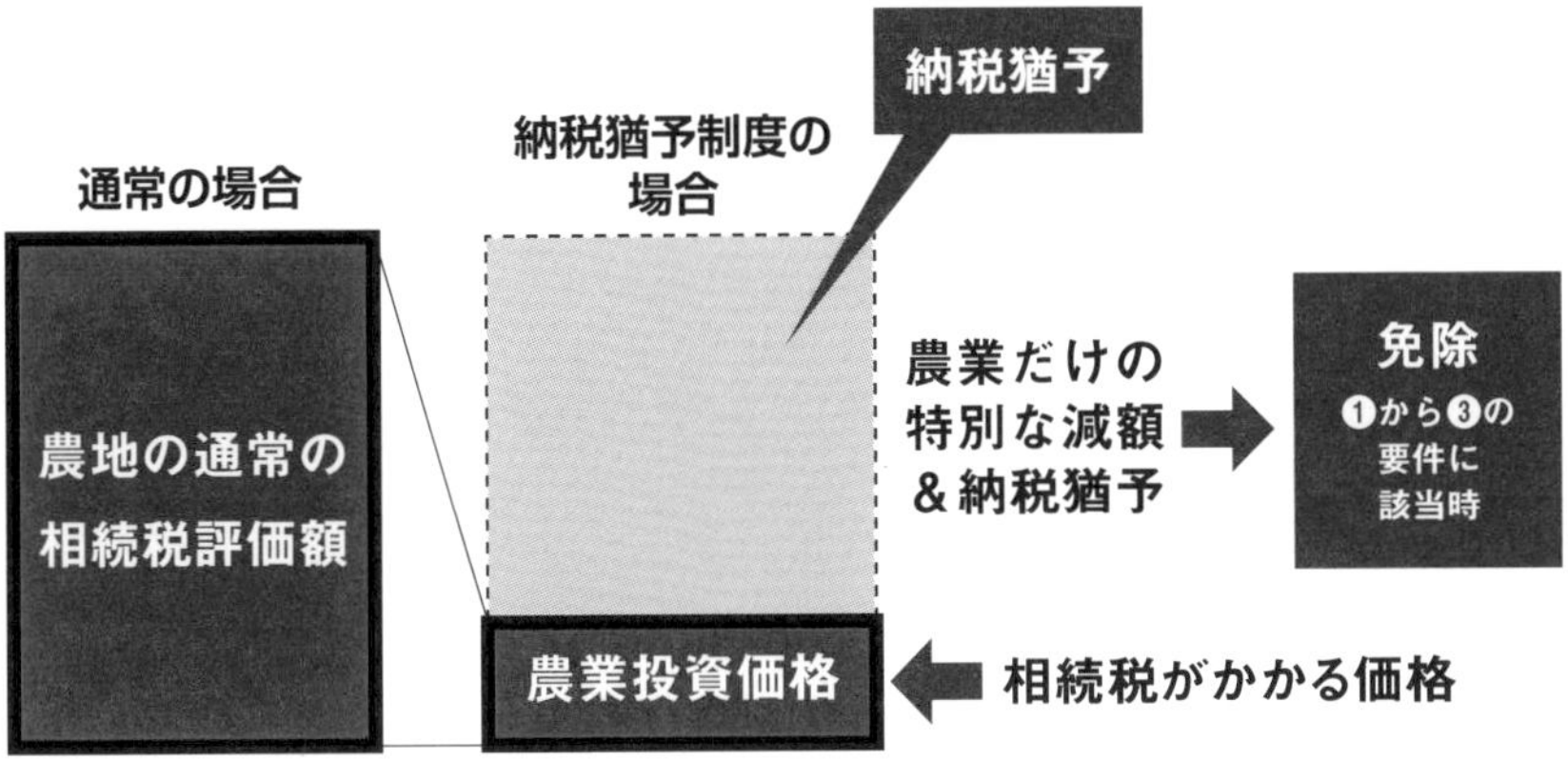

相続税納税猶予制度とは？

相続または遺贈により農地等を取得し、引き続き農業用に使用される場合には、本来の相続税額のうち農業投資価格を超える部分に対応する相続税が、一定の要件のもとに納税が猶予され、相続人が死亡した場合に猶予税額が免除される。

納税猶予は実質的な相続税免除！　猶予税額の免除要件

❶ 農業相続人の死亡

❷ 後継者への生前一括贈与

❸ 申告期間から20年目

（都市営農農地が含まれているときは農業相続人の死亡日）

いずれかの早い日まで納税が猶予される。納税を猶予された相続税は①～③の事由が生じた時点で払わなくていいことになる。

図67 この相続税猶予制度を受けた「農地」を「宅地」にするスキーム

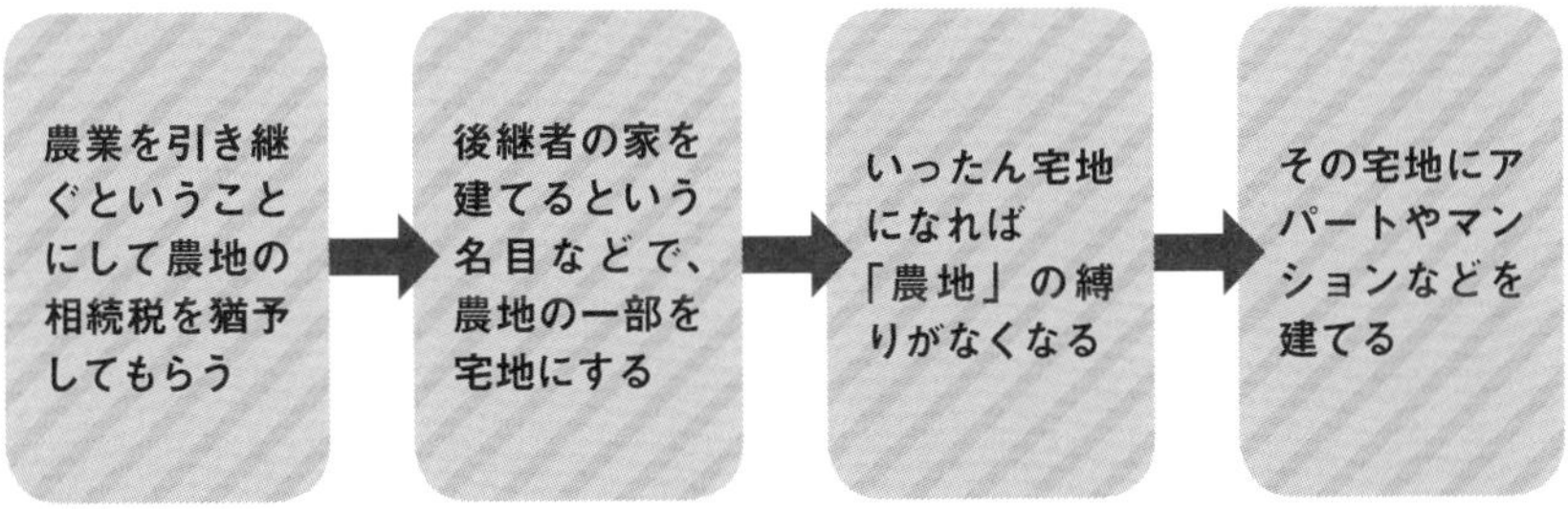

偽装農家は多額の相続税を免除されている

都心部周辺にはびこる偽装農家

農家は、農地を農地として使用して農業を続けている場合は、税金面で優遇措置が取られている。しかし、実際には農業をしていないのに、**農業をしているフリをして、相続税の猶予だけを受けている者も多くいる。**

形ばかりの果樹などを植えて、一応農業をしているという体《てい》をとり、「ここは農地である」ということにするのだ。そういう状態を20年続ければ相続税は免除される。そして20年が経てば「農業を継続する」という縛りもなくなるため、農地を宅地にしてマンションを建てることも普通にできるのだ。

高度成長期からバブル期にかけて、こういう偽装農地が、都心部のあちこちにみられた。そのため昨今では、都心部の農地は宅地と同様に固定資産税を課税しようということになり、「市街化区域」というものが設けられ、この区域内の農地については、税制の恩恵が受けられないようになった（ただし市街化区域内でも〝生産緑地〟の指定を受けた区域は、一般の農地と同じ扱いとなり税制の猶予が受けられる）。

しかし農家が自分の農地を「市街化区域」に入らないように政治家に働きかけているため、市街化区域はそれほど広まっていない。東京と隣接している千葉と埼玉に目を向けると、その実態がよく見えてくる。千葉は面積の24・6％、埼玉は20・1％が農地なのだ。山形、秋田、岩手など農業地域とされている県の約2倍である。

このように現在も都心部の近郊には、広大な農地が存在する。宅地化をせずに、ひたすら農業を続けて（農業するフリをして）、「相続税納税猶予制度」により相続税を払わずに、無税で次世代に農地を残そうとしている。

だから都心近くに、広大な農地が残っているのである。

また莫大な資産を持つ地主は、広大な地域を宅地化し、巨大な不動産資産を手にする。

そしてそのときに**プライベート・カンパニーをつくることで、さらにその資産を次世代に引き継いでいるのだ。**もちろん相続税は極力払わずに、である。

相続税納税猶予のない農地を広げようとしない農家たち

図68 都心部の農地には、宅地と同様に固定資産税を課税する「市街化区域」が設けられるようになった

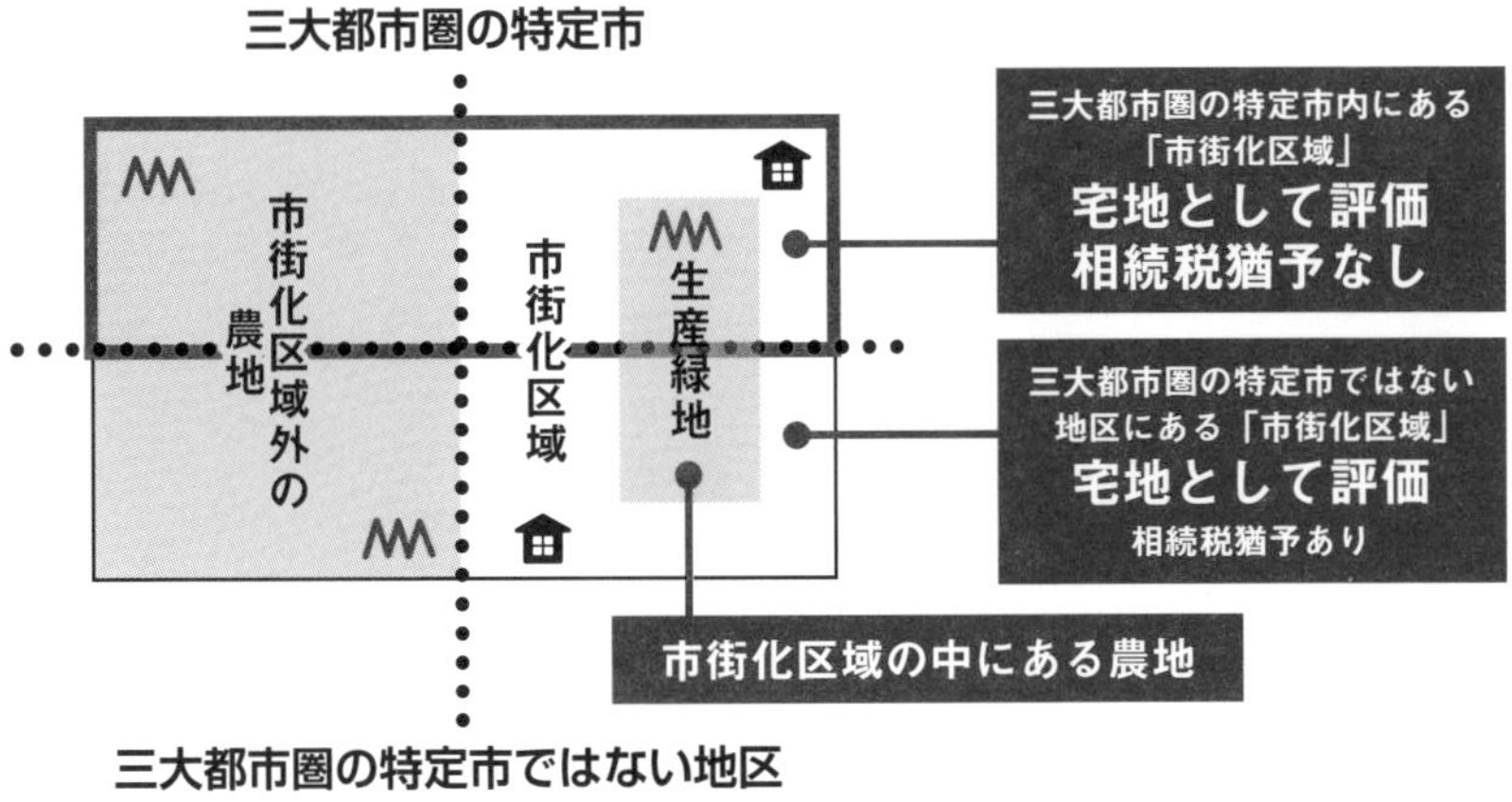

＊▒：農地として評価される土地。そのため、従来の農地の特例制度である、「相続税の納税猶予」、「固定資産税の減額」あり

＊□：三大都市圏の特定市：東京、千葉、神奈川、埼玉、茨城、大阪、京都、奈良、兵庫、愛知、三重の一部都市

ただし、宅地の評価になると、固定資産税が農地の数百倍になるため、農家は政府に働きかけて、税がかかる「市街化区域」を広げようとしない

農地ごとにみる課税

		三大都市圏の特定市	三大都市圏の特定市以外の市町村
「市街化区域外」の農地（一般の農地）		相続税の猶予 適用あり（終身営農が条件） 固定資産税 農地評価・農地課税	
「市街化区域」の農地	市街化区域	相続税の猶予 適用なし 固定資産税 宅地並み評価・宅地並み課税	相続税の猶予 適用あり（20年継続で免除） 固定資産税 「宅地」並み評価、農地に準じた課税
	生産緑地の指定を受けた地区	相続税の猶予 適用あり（終身営農が条件） 固定資産税 農地評価・農地課税	相続税の猶予 適用あり（20年継続で免除） 固定資産税 農地評価・農地課税

相続税の猶予について：相続税納税が猶予された税額は、①相続人の死亡、②後継者への生前一括贈与した場合に免除される。なお、市街化区域内の農地（生産緑地。ただし三大都市圏の特定市の生産緑地は除く）は20年営農を継続した場合に納税が免除。

●著者略歴
大村大次郎（おおむら・おおじろう）
大阪府出身。元国税調査官。国税局で10年間、主に法人税担当調査官として勤務し、退職後、経営コンサルタント、フリーライターとなる。執筆、ラジオ出演、フジテレビ「マルサ!!」の監修など幅広く活躍中。主な著書に『税金ビジネスの正体』『新型コロナと巨大利権』『まちがいだらけの脱税入門』『税務署対策 最強の教科書』『韓国につける薬』『消費税を払う奴はバカ！』『消費税という巨大権益』『完全図解版　税務署員だけのヒミツの節税術』『ほんとうは恐ろしいお金のしくみ』『相続税を払う奴はバカ！』『お金で読み解く明治維新』『アメリカは世界の平和を許さない』『99％の会社も社員も得をする給料革命』『世界が喰いつくす日本経済』『ブッダはダメ人間だった』『「見えない」税金の恐怖』『完全図解版 あらゆる領収書は経費で落とせる』『税金を払う奴はバカ！』（以上、ビジネス社）、『「金持ち社長」に学ぶ禁断の蓄財術』『あらゆる領収書は経費で落とせる』『税務署員だけのヒミツの節税術』（以上、中公新書ラクレ）、『税務署が嫌がる「税金0円」の裏ワザ』（双葉新書）、『無税生活』（ベスト新書）、『決算書の9割は嘘である』（幻冬舎新書）、『税金の抜け穴』（角川oneテーマ21）など多数。

編集協力／船井かおり

完全図解版 相続税を払う奴はバカ！

2021年4月1日　　第1刷発行
2022年7月1日　　第3刷発行

著　者　大村　大次郎
発行者　唐津　隆
発行所　株式会社ビジネス社
〒162-0805 東京都新宿区矢来町114番地
神楽坂高橋ビル5階
電話 03(5227)1602　FAX 03(5227)1603
http://www.business-sha.co.jp

カバー印刷・本文印刷・製本/半七写真印刷工業株式会社
〈カバーデザイン〉中村聡　〈本文デザイン〉茂呂田剛（エムアンドケイ）
〈編集担当〉本田朋子　〈営業担当〉山口健志

ISBN978-4-8284-2261-9

大村大次郎の本

大村大次郎の本

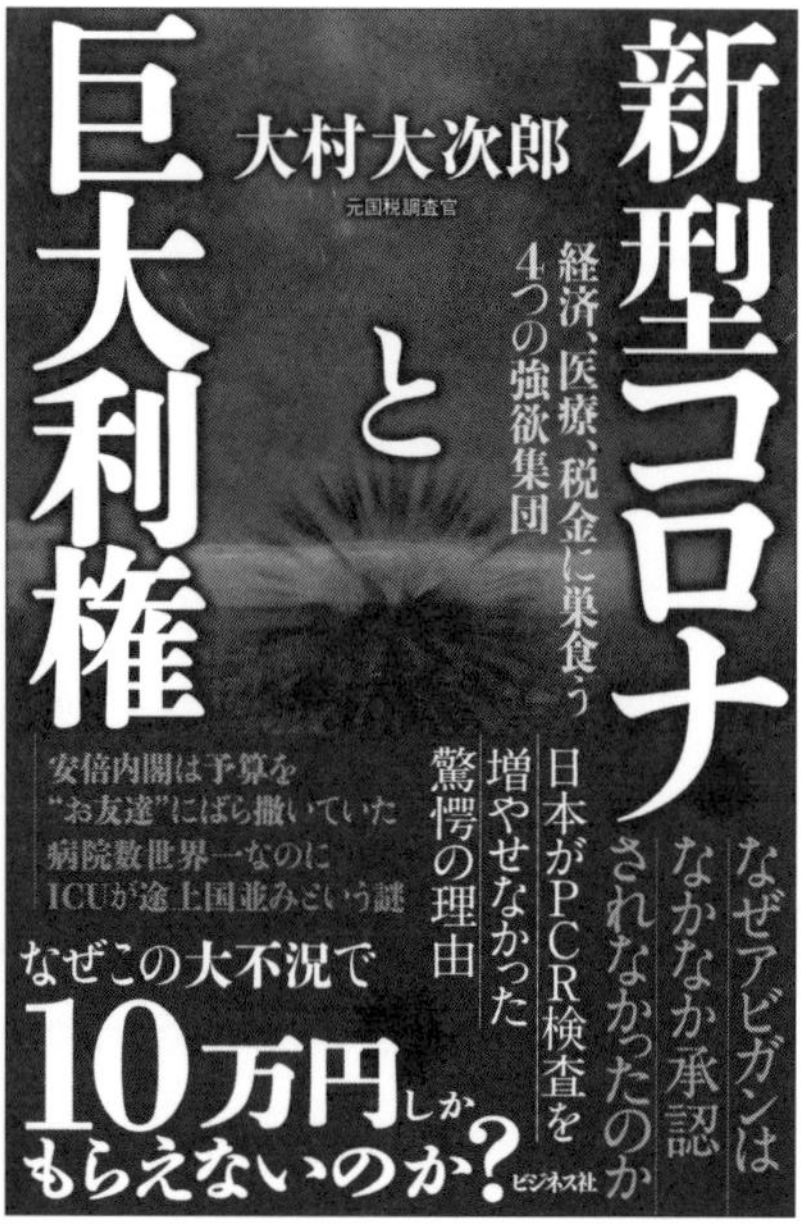

新型コロナと巨大利権

経済、医療、税金に巣食う4つの強欲集団

大災厄の裏で蠢く闇を元税務官僚が暴く！

なぜアビガンはなかなか承認されなかったのか
日本がＰＣＲ検査を増やせなかった驚愕の理由
なぜこの大不況で10万円しかもらえないのか？
利権でがんじがらめの国に未来はあるのか

定価　本体１３００円＋税
ISBN978-4-8284-2196-4

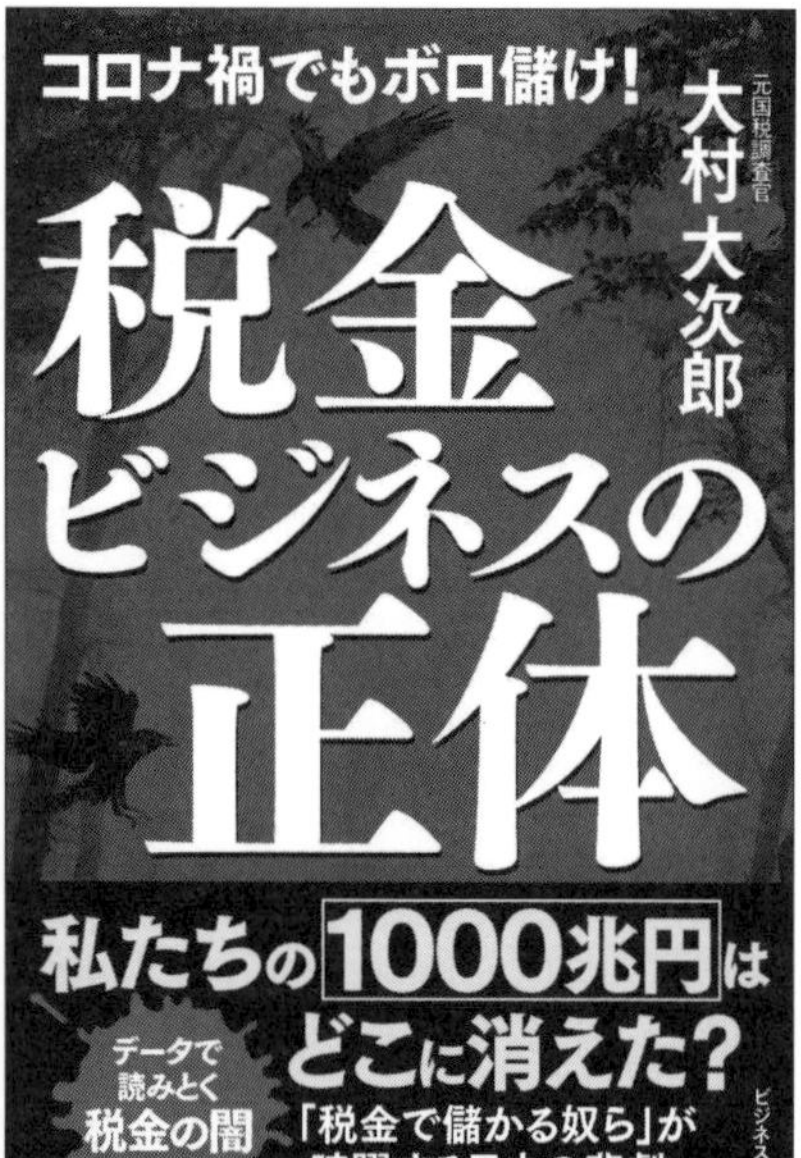

コロナ禍でもボロ儲け！

税金ビジネスの正体

本当のワルは壮大なネコババを仕掛けている!!

「税金で儲かる奴ら」が暗躍する日本の悲劇
私たちの１０００兆円はどこに消えた？
コロナ禍でも笑いがとまらない極悪人たち！
「持続化給付金」の不正申告なんて、小さい話だ！

定価　本体１２００円＋税
ISBN978-4-8284-2230-5